Margot Benary-Isbert:

. . . ein heitrer Abend krönt den reichen Tag

MARGOT BENARY-ISBERT

… ein heitrer Abend krönt den reichen Tag

JOSEF KNECHT · FRANKFURT AM MAIN

CIP-Kurztitelaufnahme der Deutschen Bibliothek

Benary-Isbert, Margot:
. . . Ein heitrer Abend krönt den reichen Tag /
Margot Benary-Isbert. – 9. Aufl. – Frankfurt am
Main : Knecht, 1984.
ISBN 3-7820-0009-9

ISBN 3-7820-0009-9

9. Auflage 1984

Gesamtherstellung: Wiesbadener Graphische Betriebe GmbH, Wiesbaden

INHALT

DIE JAHRESZEITEN

Vier Sonette nach Motiven aus I GING,
dem Buch der Wandlungen

Frühling

Wird sich das Tote wieder neu entfalten
und schön erstehen aus dem dunklen Schoß?
Der jungen Kräfte untergründiges Walten
erweckt das Schlummernde und macht es groß.

Denn das Erregende bewirkt die Dinge
mit Jugendkraft und stürmischer Gewalt.
Das Sanfte aber, mit des Westwinds Schwinge,
strömt in die Formen gültige Gestalt.

Hinschmilzt das Starre. Alles mag nun kommen.
Im Keim ist schon die Blume und die Frucht,
im Morgen schon der Mittag vorgekündet.

Das Jahr beginnt. Wir sind hineingenommen
in seinen Lauf, der fordert und versucht.
Die Blüte welkt, daß sich das Wesen ründet.

Sommer

Die Blüte welkt, daß sich das Wesen ründet,
und aus dem Innern wächst und reift der Kern.
Seht, wie er strahlend steigt und überwindet
und im Zenit sich neigt, der große Stern.

Ins mütterliche Dunkel sinkt er wieder.
Wo alles überströmt, mahnt schon die Nacht.
Die Erntearbeit beugt uns dienend nieder.
In Demut wird die Gabe eingebracht.

Im Mittagslicht glänzt der Gewährung Glück;
erfüllt ist alles, jeder Wunsch beschenkt,
der Himmel und die Erde schön verbunden.

Noch fließt der Kreis nicht in sich selbst zurück,
noch ruhn die Schalen, bis sich eine senkt.
Noch sind von Segen schwer die goldnen Stunden.

Herbst

Noch zögern segenschwer die goldnen Stunden,
ein heitrer Abend krönt den reichen Tag.
Die Leidenschaft von Weisheit überwunden,
gereift, was still im Schoß des Jahres lag.

Verweht der Sturm, die Mittagsglut verblaßt
zum sanften Herbst, der süßen Früchte Zeit.
Was du gesät, was du geschaffen hast,
es ist erfüllt. Nun sei auch du bereit.

Nimm es in dich, das Allerhaltende.
Die Sichel rauscht, und Ernte ist Gericht.
Das Wesentliche muß sich offenbaren.

Die schöpferische Kraft, die stetig waltende,
bewegt des Dunkels träumendes Gesicht
zum Frieden hin, zum ruhenden Verharren.

Winter

Dies ist die Zeit zum ruhenden Verharren:
im Stillehalten wird das Jahr vollendet,
damit aus der Gefahr des Eisig-Starren
der Stern ersteht und sich zum Aufstieg wendet.

Zur Sammlung ruft die mitternächtge Stunde.
So wie das Wasser in die Talschlucht rinnt,
geh in die Tiefe, wo im Wurzelgrunde
das Morsche modert, Neues neu beginnt.

Ist das der Tod? – Gib dich ihm willig hin.
Er ist nur einer von den vielen Namen
des großen Lichts, in dem die Kräfte walten,

und dieses Licht ist aller Dinge Sinn.
Es siegt! Es sprengt das dunkle Haus der Samen
und wird zur rechten Zeit sich hell entfalten. M. B.

I

ALTWEIBERSOMMER

Schon in der Jugend waren mir die späten Sommer- und die ersten Herbsttage die liebste Zeit des Jahres; diese letzten schönen Tage, in denen alle Farben noch einmal aufflammen in einem Rausch von Leben. Die Wälder stehen da, als blühten sie in Gold und Rot und Kupfer. Die Gärten sehen aus wie Malerpaletten mit ihren bunten Klecksen von Astern und Zinnien, mit den üppigen Dahlien und den feierlichen Kerzen der Gladiolen. Selbst in den Gemüsegärten stehen die strotzenden blauroten Kohlköpfe unter all dem Geblüh, als wären auch sie nur ein Schmuck am Festkleid des späten Jahres. An den Wegrändern röten sich die Hagebutten, die Äpfel werden geerntet und die Weintrauben in die Kelter gebracht, die letzten, die man so lange am Stock reifen und in der Sonne kochen ließ, daß sie nun den besten Wein geben. Beerenauslese nennen die Winzer diesen Wein, von dem man sagt, daß er im Alter immer besser wird. In den zinnoberroten Dolden der Ebereschen feiern die Amseln ihr Fest. Die Telegraphendrähte verwandeln sich in dicke Ketten schwatzender Schwalben, die sich über ihren Reiseweg nach dem Süden unterhalten. Schon steigen in den Nächten die Herbststernbilder herauf. Schon spürt man den bittersüßen Geruch der Vergänglichkeit: die beginnende Fäulnis der ersten welken Blätter, den Erddunst aufgebrochener Äcker, den beizenden Rauch der Kartoffelfeuer. Es sind Tage der Reife und des Abschieds; sie haben eine sanfte Melancholie und zugleich eine gesteigerte Intensität, die noch nichts von Abschied wissen will.

Hier in Kalifornien, wo es diese Stimmung nur andeutungsweise gibt, da wir ja keinen so deutlichen Wechsel der Jahreszeiten haben, denke ich im September oft mit Heimweh an den deutschen Altweibersommer, und wenn ich es möglich machen kann, komme ich um diese Zeit am liebsten in die alte Heimat zurück. Geht das nicht, dann fliege ich wenigstens schnell mal in den Osten der Staaten, nach New Hampshire oder Massachusetts oder Maine, wo um diese Zeit die Ahornwälder in rotem Feuer stehen.

Einst, vor dem ersten Weltkrieg, als wir noch jung waren, machten wir um diese Zeit von Frankfurt aus unsere schönsten Wanderungen in den Taunus, den Spessart, den Odenwald, entweder mit dem kleinen Kreis der „Museumsfamilie“, zu der ich damals gehörte, oder mit der etwas größeren Gruppe von Freunden, die man jetzt junge Intellektuelle nennen würde; wir selbst nannten uns „das Lauftrüppchen", denn wir fuhren nie mit dem Auto und wenig mit der Eisenbahn, wir *liefen.* Alle diesen jungen Juristen, Wissenschaftler, Journalisten, Lehrer und Schriftsteller, Mädchen wie Männer, waren noch im Puppenzustand, aber ohne einen Zweifel daran, daß wir einmal hochfliegende Schmetterlinge werden würden. In den Dörfern, durch die wir auf unseren Ausflügen kamen, roch es nach frischgekeltertem Apfelmost, dem unvergeßlichen Spätsommerduft unserer Gegend. Die Tage waren dann schon kürzer geworden; sobald die Sonne untergegangen war, wurde es kühl, und aus den Wiesen stiegen die weißen Nebel. Dann kehrten wir in irgendeinem kleinen Dorfwirtshaus ein, und wie müde wir auch von dem langen Wandertag sein mochten, immer schmückten wir Mädchen den Tisch mit den letzten Blumen aus Wald und Feld, mit roten Beeren und bunten Herbstblättern. Die Wirtin brachte uns dunkles Bauernbrot mit Butter und Handkäs oder Bratkartoffeln mit Speckeierkuchen; dazu holte sie einen der letzten Salatköpfe frisch aus dem Garten, zusammen mit den Würzkräutern Borretsch, Dill und Schnittlauch. Manchmal tranken wir ein Glas „Süßen" dazu, und hinterher gab es ein Stück Zwetschenkuchen, der wie der Apfelmost zu dieser Landschaft und zu dieser Jahreszeit gehört, wenn die kleinen, dunkelblauen, länglichen Zwetschen reif geworden sind. Zu diesem Nationalgebäck der rhein-mainischen Landschaft dürfen beileibe keine Pflaumen genommen werden; es müssen die spät gereiften, schon fast verhutzelten „Quetschen“ sein, deren süßer Saft den dünnen Untergrund von Hefeteig ganz durchtränkt. Oft brauten die jungen Männer auch eine Bowle aus vorjährigem Apfelwein und den letzten Pfirsichen. Das war ein leichtes Getränk, es berauschte nicht. Berauscht waren wir auch ohne Wein, berauscht von Jungsein und Träumen und hohen Idealen. Zuweilen tanzten oder sangen wir, aber meistens wurde geredet und geredet, bis es höchste Zeit geworden war, im Laufschritt noch den letzten Bummelzug nach Frankfurt zu erreichen. Auch auf den harten Bänken der Dritten Klasse wurden die Gespräche noch fortgesetzt. Wir waren alle für damalige Begriffe sehr fortschrittlich gesinnt, und es ging hoch her mit Vorschlägen und Plänen, wie wir die verstaubte, satte bürgerliche Welt, in der wir aufgewachsen waren, erneuern und etwas ganz anderes aufbauen wollten. Wir hatten zwar alle mehr oder weniger in unserem bisherigen Leben von dieser bürgerlichen Welt unseren Nutzen gehabt, aber es war uns doch todernst mit unseren Ideen. Wir waren für Weltfrieden, für soziale Gerechtigkeit, für die Verwirklichung der Ideale unserer großen Denker und Dichter. Ja, wir wollten die Welt verbessern. Aber Protestmärsche machten wir nicht, und es gab auch keine Krawalle. Bei aller Kritik hatten wir doch auch Respekt vor dem, was die Generation unserer Eltern geleistet hatte.

Ohne es zu ahnen, lebten wir damals im Spätsommer eines Zeitalters; am Ende einer Epoche langer Friedensjahre. Der erste Weltkrieg zerriß das scheinbar so stabile Gefüge unserer Welt. Auf den Schlachtfeldern von Flandern, in den Argonnen, in Rußland fielen unsere jungen Freunde. Die zurückkehrten, kamen in eine veränderte Welt. Seit dem August des Jahres 1914 hat es dann nie mehr einen wahren Frieden gegeben.

Nun, im Frühling des Jahres 1968 und im Spätsommer unseres Lebens, stehen wir wieder an der Wende einer Epoche. Unser Altweibersommer ist nicht so milde und friedlich, wie wir ihn uns gewünscht hätten. Stürme sind über die Menschheit hereingebrochen, von deren Heftigkeit wir uns noch vor wenigen Jahrzehnten keine Vorstellung machen konnten. Wie eine schwarze Wolke hängt die Möglichkeit der Vernichtung des ganzen Menschengeschlechtes über uns.

Doch von der großen Politik soll hier nicht die Rede sein. Sie fragt so wenig nach den Wünschen der Menschen wie die Natur. Und so gibt es denn auch in dem sprichwörtlich so milden und wohltuenden Altweibersommer Tage, an denen er seinen guten Ruf nicht verdient. Es ziehen noch verspätete Gewitter herauf mit Donner und Blitz und wolkenbruchartigen Regengüssen. Dann ist in wenigen Stunden die Pracht der Wälder ausgelöscht, all die bunten Blätter fliegen auf und davon im wilden Wirbel des Sturmes und fallen dann müde zu Boden. Die Gärten stehen wie verwaschen unter einem grauen Himmel; die letzte Rose, wenn man sie nicht rechtzeitig in eine Vase und ins Innere des Hauses gerettet hat, hängt sterbensmüde am Stamm und verstreut ihre vergilbten Blütenblätter auf regennasse Beete.

Laßt uns dann nicht vergessen, daß auch der Oktober und selbst der November noch köstliche Tage mit neuen Offenbarungen der Schönheit bringen können. Wenn die nun kahlen Bäume gegen einen blaßblauen Herbsthimmel stehen, jeder Ast und Zweig so deutlich hingezeichnet wie eine plötzlich lesbar gewordene Handschrift, die wir unter dem dichten Laubkleid des Sommers nicht entziffern konnten, entdecken wir entzückt die Herbstgestalt der Buche, der Eiche, des Ahorns, wie sie ungeschmückt dastehen, in der nackten Majestät ihrer Stämme, mit dem Filigran des Gezweigs, und an jedem Ast schon neue Knospen vorgebildet, die in ihrer harten Schale so geborgen ruhen, daß ihnen kein Schneesturm, kein Frost etwas antun kann.

Was die Herbststürme in der Natur tun: das Aufräumen mit nicht mehr Lebensfähigem, das Platzmachen für neue Knospen, das tun die Krisen für das Alter. Sie kommen in mancherlei Verkleidung: als Krankheit vielleicht, als ein Umschwung in den äußerlichen Verhältnissen, als Verlust geliebter Menschen, als Schwierigkeiten mit den erwachsenen Kindern. Ich habe an anderer Stelle schon gesagt, daß diese Krisen an den Wendepunkten unseres Daseins ein Mittel sind, mit dem das Leben gegen die Erstarrung kämpft. Je weniger wir uns dagegen wehren, je williger wir uns der Gesetzmäßigkeit solcher Krisen anvertrauen, desto leichter werden wir sie überstehen. Wenn wir in die Brunnenstube des eigenen Selbst hinabsteigen und auf das Rieseln der Lebensquellen lauschen, werden wir den Grund der Störungen begreifen und einsehen, was die Ursache für die Trübung des Quells oder am Ende sein Versiegen sein könnte. Vielleicht stimmt etwas nicht in unserem Verhältnis zu den tragenden geistigen Kräften, zum Mitmenschen oder zu uns selbst? Wenn die Diagnose gestellt und die bittere Medizin der Selbsterkenntnis geschluckt ist, kann allmählich die Heilung einsetzen.

Wer kann sagen, ob nicht auch die Rebellion der Jugend eine solche Krise ist, die aus der erschreckenden Verwirrung zu neuen Formen der Beziehung zwischen Jugend und Alter führt. Freilich sieht es jetzt oft so aus, als würde nicht nur das Kind mit dem Bade ausgeschüttet, sondern sozusagen gleich die ganze Familie. Denn gegen die Familie, die kleine Familie von Eltern und Kindern sowohl wie gegen die große Familie der Volksgemeinschaft und die noch größere der menschlichen Gesellschaft, gegen das ganze „System", wie sie es nennen, richtet sich ja der leidenschaftliche Widerstand, dem wir jetzt überall begegnen. Zwar handelt es sich dabei um eine Minderheit, die keinen Zwang dulden will, selbst aber geradezu terroristischen Zwang auf die Mehrheit auszuüben versucht. Vielleicht mag diese gärende Unruhe als die Hefe wirken, die zuweilen in dem zähen Teig der Menschheitsgeschichte nötig ist. Wenn aber alle Grundbegriffe vernünftigen menschlichen Verhaltens negiert werden, dann bricht unvermeidbar das Chaos herein, in dem schließlich die jungen Rebellen zusammen mit der geschmähten älteren Generation zugrunde gehen werden.

Bei der so brennend wichtigen Negerfrage ist es so, daß die „Black Power"-Leute nur eine kleine Gruppe sind, wenn auch gefährlich durch ihre verantwortungslose Agitation, mit der niemand genutzt und ihren eigenen Brüdern nur geschadet wird. Die Mehrzahl der farbigen Bevölkerung in den Vereinigten Staaten sieht wohl, daß schon viel geschehen ist, ihnen ihre unbestreitbaren Rechte zu verschaffen. Wenn sie dabei trotzdem die Geduld verlieren, so muß man das verstehen. Schließlich hatte die weiße Regierung des Landes hundert Jahre Zeit, um den ehemaligen Sklaven eine gute Erziehung, menschenwürdige Wohnungen, faire Berufsmöglichkeiten und eine entsprechende Stellung im Leben des Staates zu geben. Vielen ist das schon weithin gelungen. Die gleichen Gruppen hierzulande, die im Stillen ihre Kraft und ihren Einfluß für den Frieden auf der Welt einsetzen, kämpfen auch seit Jahren schon für die Rechte der farbigen Bevölkerung. Es ist schon vieles erreicht worden, und es wird, hoffentlich bald, alles erreicht werden, wenn nicht die wilde Agitation auf der einen und der sture weiße Egoismus auf der anderen Seite einen gedeihlichen Fortschritt verhindern; auf beiden Seiten, das muß noch einmal betont werden, nur von Minderheitsgruppen.

Was die Jugend betrifft, so fand ich meine Beobachtung, daß es zahlreiche Familien gibt, in denen ein gutes, vertrauensvolles Verhältnis zwischen Eltern und Kindern herrscht, durch die

Rundfrage einer großen Zeitschrift bestätigt. Dabei wurde festgestellt, daß die intakten Familien noch durchaus in der Mehrheit sind.

David, der älteste meiner Enkel, ist vierzehn Jahre alt und der Jüngste in seiner High School-Klasse. Das könnte eine Gefahr sein. Norman ist verhältnismäßig noch jünger in der Junior High School. Bei keinem von ihnen besteht bis jetzt Grund zur Sorge. Sie sind gescheit genug und von klein auf zu Hause dazu erzogen, sich ihr eigenes Urteil zu bilden und nicht auf große Worte hereinzufallen. Dabei haben sie einen starken Halt in der Familie, in der jedes auftauchende Problem sachlich besprochen werden kann. Die zwei Großen und auch der jetzt sechsjährige Jüngste sind an den Wochenenden oft mit den Eltern unterwegs im Gebirge oder am Meer. David und Norman sind gute Bergsteiger, haben Freude an der Natur im großen und kleinen; sie schwimmen, reiten und spielen Tennis. David spielt Geige im Schülerorchester, und Norman hat Gesangstunden. Dabei haben sie so viele ernsthafte Interessen, daß bis jetzt wilde Abenteuer keine Versuchung für sie waren.

Natürlich bleibt es nicht aus, daß in unseren Gesprächen zuweilen Meinungsverschiedenheiten auftauchen. Ich verhalte mich dabei nicht anders, als ich es einem erwachsenen Gesprächspartner gegenüber tun würde: mit Toleranz, mit Respekt vor ihren Ansichten – und wenn es mir nötig scheint, mit Festigkeit im Vertreten meiner eigenen Auffassung. Auch wenn wir manchmal keine Einigung erreichen, sind wir dabei immer gute Freunde geblieben.

Natürlich läßt sich nicht voraussagen, durch welche Phasen die Entwicklung dieser geliebten Kinder noch gehen wird. Vielleicht werden sie einmal eine Hippie- oder Beatnik-Periode durchmachen, obwohl es mir nicht wahrscheinlich vorkommt. Jedenfalls bin ich entschlossen, ihnen auch dann mein Herz und mein Haus offen zu halten, wenn sie mit Bärten und wallenden Locken daherkommen. Es hat schon mehr als einmal Zeiten in der neueren Geschichte gegeben, in denen die Männer die Haare lang wachsen ließen, ohne daß sie dadurch feminin wurden. Man denke an die Renaissance, an die Romantik. Solange sie sauber angezogen und die Haare glatt gekämmt seien, sagte mir neulich ein Universitätsprofessor, wende er nichts dagegen ein. Auch ich finde, daß von diesen langen Haaren viel zuviel Wesens gemacht wird.

Das Wichtigste in unserer, der alten Leute, Stellung zur Jugend scheint mir überhaupt zu sein, daß wir versuchen, sie zu verstehen, auch wenn wir sie fühlen lassen, daß wir wildere Auswüchse als lange Haare und Urwaldbärte nicht ohne Kritik hinnehmen. Aber wir haben ja unser langes Leben nicht gelebt, ohne Geduld zu lernen, und diese Geduld müssen wir ihrer Ungeduld entgegenstellen; ihrer Heftigkeit unsere abgewogene Überlegung; ihrer Verachtung alles dessen, was uns von Bedeutung ist, unsere Liebe. Aber man sollte von den Lehrern, den Behörden, der Obrigkeit im allgemeinen verlangen, daß sie nicht aus Angst vor den jungen Raufbolden auch ihren unberechtigten Forderungen nachgeben. Im ganzen gibt es keinen Grund, an der heutigen Jugend zu verzweifeln. Die Radaubrüder sind, ich sagte es schon, hier und wohl auch in anderen Ländern eine Minderheit, die nur durch ihr wildes Gebaren mehr von sich reden macht als etwa die jungen Menschen im Peace Korps, die zwei Jahre ihres Lebens der Hilfe für unterentwickelte Völker opfern; oder die jungen Deutschen, die sich an der Aktion Sühnezeichen beteiligten; oder die freiwilligen Mitarbeiter, Ärzte, Krankenschwestern und Hilfspersonal von dem Hospitalschiff „Hope", das überall begeistert begrüßt wird. Da heißt es beim Abschied nicht: Yankee go home, sondern Yankee come back!

Wir wissen alle, daß die Menschheit seit mehr als zwei Jahrzehnten schon unter dem tödlichen Schatten der Atombombe lebt. Trotzdem dürfen wir nicht die Hoffnung aufgeben, daß die menschliche Vernunft, das menschliche Herz und – um es mit einem fast vergessenen Wort zu nennen –

die Nächstenliebe doch noch siegen wird über die „Sünde des menschlichen Gehirns“, wie es einer der großen Physiker selbst nannte.

So sagt der französische Priester Follereau, den man den Apostel der Aussätzigen genannt hat:

„Entweder werden die Menschen lernen
einander zu lieben,
einander zu verstehen,
und der Mensch wird endlich für den
Menschen leben,
oder die Menschen werden untergehen,
alle,
und zwar alle zusammen.“

„Der beginnende Krieg heißt:
Nächstenliebe gegen Atombombe.
Es ist ein allerletzter Kampf.“

Es gab neulich einen Abend, da sah die Welt so erschreckend aus, daß ich nicht einschlafen konnte, obwohl es spät und ich sehr müde war. Ich hatte wieder in dem schmalen Gedichtbändchen von Follereau gelesen, und ich wußte, daß jedes Wort wahr ist, das darin steht. Aber ich wußte auch, daß es noch Glaube, Hoffnung und Liebe in dieser so furchtbar gefährdeten Welt gibt, und an die mußte ich mich halten, an die müssen wir alle uns halten.

Ich dachte an meine Enkel, an die Hoffnung aller Großmütter der Welt, daß diese Kinder nicht zu denen gehören werden, die zerstören, sondern zu denen, die Brücken bauen zwischen Mensch und Mensch.

Ich dachte an einen jungen Freund, einen Fernsehreporter und Schriftsteller. Er machte neulich eine einstündige Reportage, die ich von Anfang bis Ende ganz gefesselt verfolgte. Er war in den Stadtteil Watts von Los Angeles gegangen, das Negerviertel, wo vor etwa zwei Jahren die schweren Unruhen stattfanden, bei denen hauptsächlich der Negerbevölkerung von ihren eigenen Brüdern unendlicher Schaden geschah. Da wurde geplündert, es wurden Häuser und Geschäfte in Brand gesteckt, und in den Straßen wurde gekämpft. Nun aber sind diese zerstörten Straßen von den Negern selbst, teils mit behördlicher, teils auch mit Hilfe weißer Freunde, wieder aufgebaut worden, und der Aufbau geht noch immer weiter. Der junge Reporter blieb ganz im Hintergrund, nur selten sah man ihn einmal auf dem Fernsehschirm, aber seine Gegenwart war immer spürbar. Er ging von Haus zu Haus, sprach mit Frauen und Männern, besuchte ganz arme Familien, dann auch solche, die sich aus den Trümmern schon wieder eine neue Existenz aufgebaut haben, darunter einen Mann, der mit Erfolg eine Suppenküche betreibt und einen anderen mit einer Tankstelle, in der nur Neger angestellt sind. Schließlich besuchte er auch wohlhabende Negerfamilien mit schönen, gepflegten

Häusern und mit erfolgreichen Karrieren auf verschiedenen Gebieten. Wo er auch hinkam, fand er bereitwilliges Eingehen auf seine Fragen, und aus Frage und Antwort entspann sich bei den Armen wie bei den Reichen jedesmal ein gutes Gespräch. Da war auf der Seite der Befragten nichts von Mißtrauen oder Feindseligkeit zu spüren, und bei dem Reporter nichts von der Überheblichkeit, die oft die Neger kränkt und erbittert. Hier sprach ein warmherziger, intelligenter junger Mensch zu anderen Menschen, zu alten und jungen, Männern und Frauen, Armen und Wohlhabenden – und die Verschiedenheit der Hautfarbe spielte keine Rolle. Es gibt also die Möglichkeit, dachte ich beim Anhören dieser Sendung beglückt, eine Atmosphäre gegenseitigen Vertrauens zu schaffen. Und ich war stolz auf den Freund, der in dieser einen Stunde mehr für die Sache des guten Willens geleistet hat als alle Demonstrationen der vergangenen Jahre.

Es fiel mir in dieser Nacht auch der Brief einer jungen Nonne ein, der vor einigen Jahren in der „New York Times“ stand und jetzt von „Readers Digest“ wieder abgedruckt wurde. So ungefähr lautete dieser Brief:

„Ob Ihre Leser wohl eine Ahnung haben, wie es mit der Flora und Fauna hier auf unseren 85 Morgen Wüstenland in Arizona bestellt ist? Vor einiger Zeit entdeckte ich acht Bäume, die vor Durst fast schon gestorben waren. Ich grub kleine Gräben mit Picke und Schaufel, suchte mir weggeworfene Stücke von verzinktem Dachbelag aus der Abfallgrube unseres Klosters zusammen und konstruierte daraus ein primitives Bewässerungssystem, das zu jedem der Bäume etwas Wasser brachte. Die durstigsten zeigten schon am nächsten Morgen ein wenig Grün. Die vier ersten Bäume, die ich bewässert hatte, dankten mir bald mit Massen goldener Bälle von Blüten. Aber nicht nur Pflanzen sind Nutznießer meines Wasserwerkchens. Ein junges Reh, ein Kaninchen, Dutzende von Cottontails (eine kleinere Art von Kaninchen. M. B.), ein Kardinal und sein Weibchen, ein Flug Rebhühner, unzählige Turteltauben, zwei Spechte und eine Spottdrossel sind jetzt regelmäßige Gäste. Um fünf Uhr morgens, wenn ich die Laudes singen sollte, bin ich draußen bei meiner Wasserleitung und höre die Vögel den Schöpfer preisen. Wenn die Schwestern in der Kapelle die Prim beten, gurren die Tauben: ‚Jetzt, da das Morgenrot erwacht, sei Lob und Preis dem Herrn gebracht' ... und wenn ich sie in meinem Vogelbad herumplantschen höre, dann weihe ich meinen bescheidenen Dienst an Bäumen und Tieren dem Herrn anstelle meiner Gegenwart in der Kapelle.

‚Auch die Geringsten dieser Kleinen' ... das gilt sicher nicht nur von Menschenkindern, sondern von allem Lebendigen. Ein Vogellied als Dank für einen Trunk Wasser – das ist ein unvergeßliches Te Deum."

Es ist schön und trostreich, sich an diese beiden jungen Menschen zu erinnern, aber ich fand noch immer keine Ruhe in dieser von Gespenstern heimgesuchten Nacht. Ich mußte noch einmal aufstehen und ein zerknülltes Päckchen hervorholen, das ich voriges Jahr unter dem Weihnachtsbaum fand. Es war, nicht sehr ordentlich, in buntes Weihnachtspapier verpackt und mit einem nicht mehr neuen Seidenbändchen zusammengebunden. Innen drin war ein Schächtelchen, und in dem Schächtelchen eine leere Garnrolle, in der folgender Brief steckte: „Liebe Oma, dein Geschenk steht in der Garage. Es ist ein Zeichen meiner Liebe und Dankbarkeit für all das Schöne und Gute, das du in diesem Jahr für mich getan hast. Norman." Das Geschenk war ein großer, weißblühender Chrysanthementopf, den er in der kühlen Garage besser aufgehoben glaubte als im warmen Wohnzimmer.

Der Fernsehreporter unter den Negern von Watts, die Nonne in der Wüste von Arizona, der elfjährige Enkel mit seinem Weihnachtsbriefchen – wer sollte da nicht wieder Hoffnung schöpfen, daß die Macht der Liebe doch stärker sein wird als die Atombombe.

II

WOHER UND WOHIN

„Wer versteht, daß sich der große Eichbaum in die kleine Eichel zurückziehen kann, der versteht auch, daß in der kleinen Eichel schon der große Eichbaum ist" – hat ein östlicher Weiser gesagt.

Mit demselben Recht kann man sagen, daß in der Blüte der Kindheit schon die Frucht der reifen Jahre und das herbstliche Welken vorgebildet sind. Darum hat es einen Sinn, in einem Altersbuch auch etwas von der frühen Jugend zu erzählen. Das Woher bestimmt das Wohin, auch wenn der Weg von einem zum anderen nicht in einer geraden Linie verläuft.

Wir sind vom gleichen Stoff, aus dem die Träume sind

Niemand hatte heut Zeit für uns. Es roch in der ganzen Wohnung nach Vanille, Zitrone, Zimt und Rum, und zuweilen wehte schon ein Hauch des Weihnachtsduftes von gelben Wachskerzen und frischen Tannenzweigen aus der schnell geöffneten und gleich wieder geschlossenen Tür von Vaters

Zimmer. Da drinnen hantierte Mademoiselle geheimnisvoll mit dem Papa, und wenn sie seidenpapierknisternd den Flur entlanglief, verlor sie zuweilen ein Strähnchen Engelshaar, ein Flöckchen Flittergold.

Auf der anderen Seite des Flurs richtete Gretel das Gastzimmer für Großmama und Tante Paula. Dazu sang sie langgezogen ein Weihnachtslied nach dem anderen. In der Küche wirkte Marie, die dicke Köchin, mit hochroten Backen in einem Chaos von Teigschüsseln, Fettöpfen und Gänseeingeweiden. Der schwarze Eisenherd glühte. Zwei Spekulatiusmännlein hatten schon vorzeitig und verboten den Weg ins Kinderzimmer gefunden. Für Kurtchen natürlich, der versprochen hatte, die Marie zu heiraten, obwohl wir doch alle wußten, daß sie einen richtigen Schatz hatte, der auf einem Lastkahn den Rhein hinunter und herauf fuhr.

Der 24. Dezember war der längste Tag des Jahres, der Tag, an dem es nie Abend wurde. Und das mitten im Winter, wenn nach allen kosmischen Gesetzen die Tage so kurz waren.

Wäre die Mama noch da, dann wäre alles anders, dachte ich. Aber sie war schon vier Jahre tot. Die Kleinen erinnerten sich nicht an sie. Ich erinnerte mich, aber ich sprach nie von ihr. Seit vier Jahren hatten wir Gouvernanten statt einer Mama, denn die neue Mutter mochte Kinder nicht. Zwei von den Gouvernanten waren Fräuleins gewesen. Die jetzige war eine Mademoiselle, von der wir französisch lernen sollten. Einmal hatte ich die Marie in der Küche zur Gretel sagen hören, die „Neue“ wäre ihrem Mann und ihren zwei eigenen kleinen Buben davongelaufen, um unseren Papa zu heiraten; da könne man nicht von ihr erwarten, daß sie Lust hätte, sich mit fremden Kindern zu plagen. Wir sahen sie fast nur beim Mittagessen; da mußten wir uns entsetzlich gut benehmen und durften nur reden, wenn wir gefragt wurden. Abends aßen wir im Kinderzimmer, da ging es lustiger zu.

Wenn wenigstens Großmama und Tante Paula schon dagewesen wären. Sie kamen jedes Jahr an Weihnachten von Wiesbaden, aber heute wurden sie mit einem späteren Zug erwartet. Großmama war streng, aber sie konnte Geschichten erzählen. Nicht so gut, wie es die Mama gekonnt hatte, natürlich. Ich erinnerte mich an die Geschichte von den Heiligen Drei Königen, die sie immer in der Weihnachtszeit erzählt hatte; manchmal wurden sie auch die drei Weisen aus dem Morgenland genannt, aber immer war es so, daß Melchior einen milchweißen Hengst ritt, Balthasar ein silberweißes Kamel und Kaspar einen elfenbeinweißen Elefanten. Das alles verschmolz traumhaft mit der schneeweißen Winterwelt, wenn ich abends im

Bett, nachdem die Kerze gelöscht war, den Geschwistern die Geschichte erzählte. Sie wollten immer Geschichten hören, und wenn mir keine alten mehr einfielen, mußte ich neue erfinden.

Seit drei Wochen war ich nun zwölf Jahre, und die Erwachsenen sagten, da müsse man aufhören zu träumen und sich Geschichten auszudenken. Französische Verben und Geschichtsdaten und eine ordentliche Rechtschreibung, das sei wichtiger als erdachte Geschichten, zumal wenn man diese Geschichten auch noch so erzähle, als wären sie wahr. Ich machte keinen Versuch, den Erwachsenen zu erklären, daß sie für mich wahr waren und daß ich ja für die Geschwister und mich eine andere Welt erschaffen mußte als die nüchterne, kühle Welt, in der wir lebten. Ich wußte nicht einmal selbst, daß dies der Grund für meine Geschichten war.

Auch mit Büchern war es so, daß es eigentlich nur erlaubt war sie zu lesen, wenn man seine Schulaufgaben fertig und wenn man keine Vier im Französisch hatte. Lesen rege die Phantasie zu sehr an, sagten die Lehrerinnen, und sie waren sich darin einig mit dem Papa, daß meine Einbildungskraft keiner Anregung bedürfe. Also blieb mir nichts anderes übrig, als heimlich zu lesen, so oft es sich machen ließ. Um diese Zeit muß es gewesen sein, daß ich Shakespeare im Bücherschrank meines

Vaters entdeckte und wenn immer möglich einen Band herausnahm und mich mit Entzücken in diese Welt allergrößter Dichtung vertiefte. Allzuoft mußte ich die Worte hören: „Was liest du denn da wieder?“ Dann wurde das Buch, meist von einer Freundin entliehen, ans Licht gezogen und verschwand für immer, weil es „die Phantasie anregte“. Ich erinnere mich, daß es einmal Ben Hur war, den man mir entriß, und daß ich ihm verzweifelte Tränen nachweinte. Solche Erfahrungen machten mich vorsichtig; den Shakespeare wußte ich zu verbergen wie eine heimliche Liebe. Wie mir das gelang, vermag ich nicht zu sagen. Daß ich nicht einmal die Hälfte des Gelesenen verstand, störte mich nicht. Shakespeare war damals und blieb immer wieder eine der Begegnungen mit dem Geist der Poesie schlechthin. Die Folge war, daß ich nun immer als eine seiner Gestalten umherging, unerkannt von den blinden Erwachsenen. Ich war Viola und Rosalinde, Julia, Ophelia und Cordelia, König Lears einzige getreue Tochter.

Wahrscheinlich saß ich auch an diesem Weihnachtstag über eins seiner Dramen gebeugt, die Hände auf die Ohren gepreßt, um den Lärm nicht zu hören, den das siebenjährige Trudchen und der fünfjährige Kurt vollführten. Natürlich hätte ich als vernünftige große Schwester mit ihnen spielen oder ihnen etwas vorlesen sollen. Aber als ich einmal mit King Lear einen Versuch gemacht hatte, war es kein Erfolg gewesen. In diesem Augenblick fiel Kurt mit lautem Knall auf den Boden und öffnete schon den Mund zu mörderischem Geschrei, – da kam Mademoiselle ins Zimmer. „Ihr seid heute noch nicht an der Luft gewesen!“ rief sie und rang die Hände, als wäre das ein Unglück. Jeden Tag, im Sommer und Winter, bei Regen, Schnee und Sonnenschein mußten wir „frische Luft“ haben, ob wir wollten oder nicht. „Du mit deinen zwölf Jahren“, sagte sie zu mir, „du mußt doch einmal allein mit den zwei Kleinen spazieren können, Margo.“ Ich mochte es nicht, wenn sie meinen Namen französisch aussprach.

„Natürlich nur in Anlagen“, sagte sie. „Von kleine Turm zu Place de l'Opera. Anlage 'inauf, 'inunter. Um 'alb fünf Punkt wieder zu 'ause. Und paß gut auf, daß Kurt nicht 'at kalte Füße. Entendu?“

Betrübt verbarg ich Shakespeare in der Tischschublade und deckte ihn mit einem Schulheft zu.

Da gingen wir hin, drei blaue Mäntel, drei rotkarierte Kapuzen, drei runde blaue Hüte. Ich dünn wie ein Stock, nichts wie Ecken und Kanten, die Stirn viel zu groß für das runde Kindergesicht und dazu noch eine Stupsnase. Oh Schmach, eine Stupsnase, wo ich doch eine große Tragödin werden wollte, seit ich Schillers Maria Stuart im Theater gesehen hatte. An Trudchen dagegen war alles rund und niedlich, jedes Glied wie gedrechselt, unter dem lackschwarzen Scheitel die sanften Augen einer Antilope. Augen, die sie so lieblich zum Papa aufschlagen konnte, wenn er fragte „Hast du gehört, Trudchen?“ „Ja, Papa“, versicherte sie dann, und tat genau das, was sie ohnehin vorgehabt hatte. „Quelle beautée!“ sagten die Erwachsenen.

„Meine Kinder werden nie an die Luft müssen“, sagte ich. „Und Erbsensuppe brauchen sie überhaupt nicht zu essen, und *Leeebertran* – nie!“

„Meine auch nicht!“ sagte Trude. „Meine auch nicht“, echote Kurt.

Auf der Kaiserstraße rollten Equipagen mit dampfenden Pferden. Ich blieb einen Augenblick stehen, denn von Pferden konnte ich nie genug bekommen. Die herrschaftlichen Kutscher hatten pelzgefütterte Pelerinen um die Schultern und weiße Wölkchen von Atem vor dem Mund. Manchmal kam auch einer der neumodischen, knatternden Wagen ohne Pferde vorbei, wie der Papa einen fuhr. Es war um die Jahrhundertwende, das Auto steckte noch in den Kinderschuhen, und ich verabscheute es, weil ich Pferde liebte. Das Uhrtürmchen stand steif und hochmütig da mit seinem großen Uhrengesicht. Dahinter dehnte sich die Öde der Anlagen in einem Dunst von Nebel und dünnem Flockenfall. Die Anlagen waren immer langweilig, auch bei gutem Wetter. Heute standen die großen Bäume so kalt und einsam da, als langweilten sie sich auch. „Spiel was!" bettelte Trude. „Los, Margot, spiel doch was."

„Laß mich in Ruh", sagte ich. Wie konnte ich spielen, wenn ich so stark nachdenken mußte. Heute abend würde wieder die Krippe unter dem lichterhellen Baum stehen, die wir voriges Jahr zu Weihnachten bekommen hatten. Mit so schönen, holzgeschnitzten Figuren unter dem Strohdach des Stalles, daß wir lieber damit gespielt hätten, als mit unseren Spielsachen. Sie würden nun jedes Jahr wieder dastehen, sagte der Papa. „Aber wo ist König Kaspars weißer Elefant?" hatte ich gefragt.

„Welcher Elefant?" sagte der Papa und schüttelte den Kopf. Er wußte nichts von einem weißen Elefanten.

Ich aber wußte, daß es ihn gab, denn vor wenigen Tagen hatte ich ihn gesehen. Da hatte Mademoiselle uns mit in die Altstadt genommen, in ein winziges Antiquitätenlädchen, wo sie ein Weihnachtsgeschenk für ihre Schwester in Le Havre kaufen wollte. Ein alter Mann in Samtpantoffeln hatte alles Mögliche aus dem dämmerigen Hintergrund herbeigeholt und ihr gezeigt. Derweil sah ich mich um zwischen all dem verstaubten Kram, und plötzlich entdeckte ich *ihn*. Da stand er auf einem Wandbrett, wirklich aus weißem Elfenbein und tausendmal schöner noch, als ich ihn mir gedacht hatte – ein Fürst zwischen lauter Gerümpel. Mit einem Seufzer des Entzückens ergriff ich ihn, spürte die Kühle des Elfenbeins in meiner Hand, die Biegung des langen Rüssels, die großen Ohren, sah den Rubinglanz der kleinen Augen.

„Nichts anfassen!“ mahnte Mademoiselle, und dann kaufte sie eine bunte Kaffeetasse für ihre Schwester. Der alte Mann nahm sanft den Elefanten aus meiner Hand und stellte ihn wieder auf seinen Platz. „Aus Indien“, flüsterte er mir zu. „Aus dem Palast eines Maharadschas. Wünsch ihn dir, kleines Fräulein. Vielleicht findest du ihn unter dem Baum am Heiligabend.“ Dabei zwinkerte er mit seinen blassen Augen Mademoiselle zu.

Seitdem hatte ich Tag und Nacht an ihn gedacht, hatte ihn mir gewünscht mit aller Kraft meines Herzens. Nichts, nichts sonst wollte ich haben als ihn. Es war kein Wunsch, den man auf einen Wunschzettel schreiben konnte. Er mußte mich doch erkannt haben, wie ich ihn. Wir gehörten zueinander, und er würde den Weg zu mir finden. Es bedurfte keines Wunders, vielleicht ging es so einfach zu, daß Mademoiselle dem Papa einen Wink gegeben hatte, und er war schon in dem kleinen Laden gewesen und hatte meinen weißen Elefanten für mich gekauft.

Wenn er nur zu mir kam, war es einerlei, wie es geschah.

Wir waren brav die ganze Länge der Anlagen entlanggetrottet, bis zum Opernplatz und wieder zurück zum Türmchen, dessen Uhrzeiger sich kaum bewegt hatten in all der Zeit. „Wir gehen auf den Christkindchesmarkt“, sagte ich zu den Geschwistern.

„Dürfen wir nicht!“ sagte Trude entsetzt und entzückt über den kühnen Plan.

„Einerlei“, sagte ich. „Aber schwören müßt ihr, daß ihr es nicht verklatscht. Schwört bei Sakrament und Totenbein.“

„Sapperment und Totenstein“, wiederholte Kurt andächtig. Er liebte große Worte. Vielleicht kam er sich selbst groß vor dabei.

„Ich klatsche nie. Und Sakrament ist ein verbotenes Wort“, sagte Trudchen, geschwollen von Tugend. „Du mußt es beichten.“

„Beichten!“ schnaubte ich verächtlich. „Ich habe wichtigere Sünden zu beichten, du Schaf.“

Da waren wir schon auf dem verbotenen Weg. Vielleicht kann ich das Gäßchen mit dem Antiquitätenladen finden, dachte ich; nur sehen möchte ich, ob er noch da steht auf seinem Brett. Aber es gab so viele krumme Gäßchen in der Frankfurter Altstadt, eins krummer und dunkler als das andere. Ich konnte mich nicht erinnern, wo Mademoiselle um eine Ecke gebogen war. Ich wußte nur, es mußte irgendwo in der Nähe des Römers gewesen sein. Und plötzlich wurde es mir heiß vor Schrecken. Wie, wenn es gar kein wirklicher Laden war? Wie, wenn er verschwunden war mitsamt meinem Elefanten, wie Dinge in Träumen verschwinden? Alte Häuser starrten uns drohend an aus dunklen Fenstern unter spitzen Giebeln. Die Paulskirche saß auf ihrem runden Platz wie eine dicke Henne auf dem Nest. Der Mann bei dem Christbaumstand an der Ecke nickte uns zu. Es begegneten uns Leute, die Christbäume nach Hause trugen; Frauen mit hochgefüllten Henkelkörben, Damen mit ganzen Trauben bunter Paketchen am Arm. Es schneite jetzt stärker und plötzlich ging ich mit schweren Schritten, wie man durch tiefen Schnee stapft. „So weit nach Bethlehem", sagte ich mit der Spielstimme, die die Geschwister kannten. „Seht ihr den Stern?"

„Wer sind wir denn?" fragte Trude.

„Die Heiligen Drei Könige, wer denn sonst? Du bist Melchior, ich Kaspar, Kurt ist Balthasar, der schwarze Mohr."

„Ich will aber nicht schwarz sein", jaulte Kurt.

„Sei froh, wenn du überhaupt etwas bist!"

„Seht ihr den Stern, ihr weisen Könige?" fragte Kaspar noch einmal, den Blick zum Himmel erhoben, wo zwischen Wolken eine kleine Insel von

Blau stand und darin das blasse Licht des Abendsterns. „Unter dem Stern ist die Krippe.“

Die Schlucht der engen Straße tat sich auf, und da war er, der Christkindchesmarkt, vor der dunklen Kulisse der Nikolaikirche, von deren Turm gerade ein Halbstundenschlag über die Dächer sang. Feierlich stand die große Römerfront hinter den hellen Buden, gegenüber der Kranz der alten Häuser mit Erkern und Giebeln bunt wie Spielzeug. Viele hundert Jahre stand das alles so da, unverändert und unvergänglich. Schon der junge Wolfgang Goethe aus dem Großen Hirschgraben hatte es so gesehen und in dem schönen Buch „Dichtung und Wahrheit“ beschrieben. Es war ein Trost, daß es auch für ihn früh schon eine erdichtete und eine wirkliche Welt gegeben hatte.

Viele Leute drängten sich in den engen Gassen zwischen den Buden, Kinder riefen und lachten; Mütter kauften noch schnell ein paar Geschenke im letzten Augenblick. Was gab es für Herrlichkeiten hier: Puppen und hölzerne Pferdchen, Lämmer mit weichem Wattefell; süße Wachsengel, Sterne aus gesponnenem Glas, bunte Kugeln, goldene Ketten. Ach, und Lebkuchen mit Namen aus weißem Zuckerguß, mit Mandeln an den Rändern und Blumen aus bunten Zuckerperlchen. Nußstangen und Haselnußmakronen; rote und grüne und gelbe Zuckerstangen zum Lutschen.

Was ging das alles die Drei Weisen an? „Steigt ab von euren Reittieren“, befahl Kaspar. „Sie müssen mit den Dienern hier zurückbleiben. Nehmt die Geschenke: das Gold du, Melchior, Balthasar den Weihrauch, und ich die Myrrhe. – Bist du müde, armes Elefäntchen? Fühlt nur, ihr Könige und Herren, wie feucht sein Rüssel ist. Er wird sich einen Schnupfen holen bei dem Sauwetter, wo er doch aus den Tropen ist.“

„Mein Elefant auch“, klagte Kurt, „meiner wird sich auch einen Schnupfen holen, und ich habe kalte Füße.“

„Du reitest ein *Roß*“, erinnerte ihn Melchior, „und ich ein Kamel. Und Sauwetter ist ein ganz schlimmes, ein verbotenes Wort.“

Ich hörte nicht hin. Ich sah nach dem Stern. Melchior und Balthasar aber warfen begehrliche Blicke auf die Herrlichkeiten in den Buden. Immer wieder blieben sie hinter mir zurück. Trude zupfte mich an der Kapuze. „Sieh mal den Lebkuchenmann mit dem weißen Zuckerbart. Und die süßen Engel! Kauf uns einen, bitte, Margot, Kaspar meine ich.“

„Schweig, Melchior! Tausende von Meilen sind wir gekommen, über Wüsten, Berge und Meer. Das Kind in der Krippe suchen wir, und dann bleibt ihr bei einem albernen Wachsengel stehen!“

„Ei kaufese doch des goldich Engelche, Froileinche. Verzich Pfennich, weils schon Heiligawend is", rief das kleine Mädchen mit den Schäfchen und Engeln.

„Ihr seid mir schöne Könige!" zürnte ich. Aber nun klagte Balthasar: „Ich bin verhungert! Ich will den Engel, den Engel will ich."

Kaspars Augen funkelten zornig. „Du kannst doch keinen Wachsengel essen. Wartet nur, wenn euch der Herodes erwischt, dann läßt er euch köpfen. Da steht ihr und schaut nach irdischem Tand und vertut die kostbare Zeit."

„Du hast selbst gesagt, daß du noch fünfzig Pfennige übrig hast, nachdem alle deine Weihnachtsgeschenke bezahlt sind, du alter Geizhals. Erst lockst du uns auf den Christkindchesmarkt, und dann willst du uns nicht mal was kaufen."

Aber Kaspar hatte andere Sorgen als Geschenke für die Geschwister. Ihm selbst war eben erst Herodes eingefallen, der fürchterliche Herodes, der auf die drei weisen Könige wartete, um sie nach dem neugeborenen König auszufragen, dem König der Könige, der ihn vom Thron stürzen würde.

Und wahrhaftig, da stand er vor seinem Palast, der von Lampen vor blanken Messingspiegeln strahlte. Sein Turban war mit Diamanten besetzt. Ich erkannte ihn sofort, und, wie nicht anders zu erwarten, hatte auch er die Drei Könige erkannt.

Er winkte uns mit beiden Armen. „Terkischer Honich!“ lockte er, „der beste wo’s gibt. Direkt aus’m Orient, importiert aus’m Ferne Oste.“

Ein großer Block von dem klebrig süßen Zeug lag vor ihm, grellgrün, rosa und schokoladenbraun. Er schabte mit einem Riesenmesser Stücke davon ab und packte sie in bunte Tütchen. „Zehn Pfennich ’s Tüttche, weil ihr’s seid!“

Statt wegzulaufen, gingen wir alle drei auf ihn zu wie von einem Magnet gezogen, und ehe ich michs versah, hatte ich drei Tütchen für je zehn Pfennige gekauft. Es waren große Mandelsplitter in der farbigen Masse, jeder mußte sehen, daß so etwas nur aus dem Orient kommen konnte.

Eine Drehorgel spielte „O du fröhliche ...“ Das kleine Mädchen rief: „Scheefcher fier die Kripp! Scheefcher fier die Kripp! Engelcher als wie vom Himmel so schee!“

„Ich hab kalte Füß“, jammerte Kurt und kaute mit vollen Backen. „Kalte Fieß“, rief Herodes. „Oh je, kalte Fießcher hatter. Komm her, Kloiner!“, und schon hatte er uns durch den bunten Vorhang an der Rückwand seiner Bude in das kleine Gemach dahinter geschoben, wo eine dicke Frau neben einem glühenden Öfchen saß. Sie streckte die Arme nach Kurt aus und zog ihn an ihren gewaltigen Busen. Marktfrauen, Milchmädchen, Köchinnen – sie alle liebten Kurt, und er ließ sich schamlos von jeder drücken und küssen. Oh Balthasar! Oh Heiliger König!

Wie ein Zelt in der Wüste war das kleine Gemach, mit bunten Teppichen verhangen, die Ecken verdämmernd im Kerzenlicht. Wie sollte man wissen, wo die Grenze war zwischen Spiel und Wirklichkeit? Auf dem Öfchen dampfte ein Messingtopf, dünne Dampfwölkchen stiegen auf, und dahinter stand Herodes in allem Prunk des Morgenlandes, glitzernd, herrlich und gefährlich. Wie gebannt mußte ich ihn anstarren. Seine schwarzen Augen hielten meinen Blick fest und stellten die Frage, die keiner Worte bedurfte und die man nicht unbeantwortet lassen konnte, so sehr man sich auch sträubte. „Wir ... wir suchen den neugeborenen König der Juden!“ stotterte ich.

Oh, wie Herodes da lachte! Er schlug sich auf die Schenkel, daß es klatschte. Sein Gehilfe, der kleine Türke aus der Bude, steckte neugierig den Kopf durch den Vorhangspalt. „Haste's gehört, Karlinche?“ schrie Herodes zwischen Lachsalven. „Den Keenich der Judde suchese. No, da seid ihr grad recht hier in Frankfort. Da suchten nur, un wennern gefunde habt, dann saacht mer Bescheid, gelle?“ Auch die dicke Frau lachte. Es schüttelte sie so, daß Kurt von ihrem Schoß rutschte.

„Nein, nein, nein!“ rief Trudchen. „Du willst ihn ja bloß morden, du schrecklicher Herodes!“

Und nun lachte er erst recht mit all seinen weißen Zähnen.

„Fort!“ drängte ich und ergriff mit jeder Hand einen der Könige. Wir rannten zwischen den Buden hin. Die Lichter strahlten, die Verkäufer priesen ihre Waren an, die Drehorgel spielte immer noch dasselbe Lied. Wir blickten nicht rechts noch links, wir mußten rennen, denn die Schritte der Häscher des Herodes waren uns dicht auf den Fersen.

„Der Stern!“ keuchte ich. „Seht ihr den Stern über der Krippe?“ Vier riesige Fichten standen wie Schildwachen auf den Stufen des Römer. Hoch über ihnen flimmerte der Stern. Da war die Krippe mit Maria und Josef, Ochs und Esel, den armen Hirten mit ihren wolligen Lämmern und einem schwarzen Hund, den prächtigen Königen und dem blondlockigen Kind auf Stroh in einem Strahlenkranz aus gelbem Gold.

Kinder und Erwachsene standen schweigend davor, ein Lächeln frommen Entzückens auf jedem Gesicht. Wir schoben uns langsam nach vorn, noch atemlos von dem schnellen Lauf und der Angst. Der heilige Kreis schloß sich um uns. Wir waren geborgen. Herodes hatte keine Macht hier.

Die Krippenfiguren waren lebensgroß. Die Fichten dufteten nach Wald und Weihnachten. Es war so schön und fromm, daß man es ganz heiß im Herzen spürte. Ich beschloß, doch keine Schauspielerin, sondern eine Heilige zu werden.

„Wenn sie ihr Kind nicht besser zudecken", flüsterte mir Melchior zu, „dann kriegt es Tiffterieh, und dann haben sie's."

„Ich auch", jammerte Balthasar. „Ich habe kalte Füße, und ich kriege auch Tiffterieh, und dann habt *ihr's!*"

„Still!" zischte ich und gab jedem der Könige einen Rippenstoß. Mit zwei jüngeren Geschwistern war es unmöglich, eine Heilige zu werden. Aber, oh Schreck, wie stand es denn überhaupt mit meiner Heiligkeit? Hatte ich nicht die Geschwister zum Ungehorsam verführt, und mußte ich nicht zur Lügnerin werden, wenn wir zu Hause gefragt wurden, wo wir waren?

Da klang schon wieder der Halbstundenschlag vom Nikolaiturm. War es möglich, daß wir uns eine ganze Stunde auf dem Christkindchesmarkt herumgetrieben hatten? „Halb fünf!" rief ich. „Nach Hause, nach Hause!" Pünktlichkeit war ein strenges Gesetz bei uns. Wir liefen, so schnell wir konnten, durch die Straßen. Es waren nur noch wenige Menschen unterwegs. Manche Fenster wurden schon hell von Christbaumkerzen.

„Kommt sie auch?" fragte Trude neben mir.

„Natürlich kommt sie. Du weißt doch, daß sie abends immer mit dem Papa ißt."

„Und kriegt sie auch Geschenke?“

„Frag nicht so dumm. Alle kriegen Geschenke an Weihnachten. Und ihr gibt der Papa sogar einen Kuß genau wie Großmama und Tante Paula und uns. Das tut er immer an Weihnachten, ihr wißt es bloß nicht mehr!“

„Die Leni hat gesagt, daß ihr Papa ihrer Mama jeden Abend einen Kuß gibt, und manchmal mitten am Tag.“

„Bei manchen Leuten ist das so. Früher war es auch bei uns so. Der Martina ihre Mama liest ihr abends immer etwas vor, und sie näht ihr sogar die Knöpfe an und frische Kragen auf ihre Kleider, weil sie keine Mademoiselle und kein Fräulein hat und nichts.“

„Und wer geht mit ihr in den Palmengarten oder in die Anlagen?“

„Sie braucht nicht!“ trumpfte ich auf. „Sie darf auf der Straße mit anderen Kindern spielen, und mittags *und* abends ißt sie mit ihren Eltern.“

„Nicht wahr!“

„Doch wahr. Heiligabend essen sogar wir mit im Eßzimmer.“

„Kriegt man da einen Schlabber um, oder kriegt man eine Salvette, wie die Großen?“ fragte Kurt.

„Zwerge wie du bekommen *immer* Schlabber“, antwortete ich ihm. „Auch an Weihnachten.“

Da standen wir endlich an der Flurtür, und ich drückte auf den Klingelknopf. Mademoiselle öffnete uns. „Madame votre grand'mère est arrivée", sagte sie und schob uns in das kalte Kinderschlafzimmer. Wir wuschen uns Gesicht und Hände in dem eiskalten Wasser. Dann bürstete sie uns die Haare, flocht die langen Zöpfe und band sie mit roten Seidenschleifen. Auf den Betten lagen schon unsere Kleider bereit, rote Samtkleider mit weißen Kragen und Manschetten. Die Stickereivolants der Unterröcke knisterten von der steifen Stärke. Kurts blauer Anzug hatte einen Spitzenkragen.

„Wie war es in Anlagen?" fragte Mademoiselle.

Trudchen schlug ihre großen Unschuldsaugen auf. „Schauderhaft langweilig", sagte sie.

„Und ich hatte kalte Füß, und sie hatten keine Decke, um ihr Kind zuzudecken, denk mal!" sagte Kurt.

„Wer?"

„Maria und Josef", erklärte ich schnell. „Wissen Sie nicht mehr, Mademoiselle, daß sie ihn in der Krippe auf Stroh legen mußten im Stall von Bethlehem?"

„Ah oui, pauvre petit Jesus!", seufzte Mademoiselle. Sie gab unseren glatten Köpfen noch einen letzten Bürstenstrich. „Nun schnell, die Damen warten."

Im Eßzimmer brannte nur eine einzige Kerze. Alle waren versammelt, die Großmama schwarzseiden, ein Spitzenhäubchen auf dem weißen Haar; Tante Paula in Grau und so dünn, daß es aussah, als könne man sie in der Mitte durchbrechen. Beide streckten die Arme nach uns aus, und wir hielten ihnen unsere frischgewaschenen Gesichter zum Küssen hin. Auch *sie* war da und winkte uns gnädig zu mit der weißen Hand, an der die Ringe blitzten. Im Hintergrund standen Marie und Gretel in frischen weißen Schürzen. Nur der Papa war nicht sichtbar, aber man hörte ihn hinter der geschlossenen Tür im Weihnachtszimmer umhergehen. Jetzt spielte er auf dem Klavier „Ihr Kinderlein kommet", und wir sangen. Das war gut. Während des Singens konnte niemand Fragen stellen. In dem großen Wandspiegel, vor dem die Kerze stand, sah ich unsere Gesichter mit den weit offenen Mündern. Wie hell und rein unsere Stimmen klangen! Tante Paula und Großmama tauschten entzückte Blicke und nickten Mademoiselle zu. Sie lächelte so stolz, als wäre es ihr Verdienst, daß wir so liebe Kinder waren und so schön sangen.

Kaum war das Lied zuende, da fragte Großmama: „Wo wart ihr denn solange, Kinder?" – „An der Luft", rief ich, und mein Herz klopfte so laut, daß ich fürchtete, alle müßten es hören. Wie ein Seiltänzer schwebte ich über dem Abgrund der Gefahr, hoch und allein. Wenn das dünne Seil riß, war alles vorbei, der Zauber des Christabends zerstört und ich hinabgestürzt wie Luzifer in Reue und Verbannung. Zum erstenmal in meinem Leben ahnte ich etwas von der schmalen Grenze zwischen Seligkeit und Verzweiflung.

Das Glöckchen im Weihnachtszimmer klimperte silbern. Der Papa spielte das zweite Lied: „O du fröhliche.“ Als wir alle Strophen gesungen hatten, öffnete er die Tür, und wir sangen das dritte Lied: „O Tannenbaum.“ Alles war genau wie immer; nie durfte etwas daran geändert werden. Und genau so, das wußte ich, genau so bis in die letzte Einzelheit würde später einmal auch der Weihnachtsabend meiner Kinder sein.

Durch die offene Tür sahen wir schon den Glanz, dem nichts auf Erden gleichkam. Da war der Tannenbaum mit allen seinen brennenden Kerzen, mit den silbernen Kugeln und dem herabfließenden Engelshaar. Die Kerzen dufteten nach Bienenwachs, und der harzige Geruch eines angesengten Zweiges mischte sich damit. Da stand die Krippe, genau wie voriges Jahr, und ich wußte, daß ich nie mehr nach Dem fragen würde, der nicht da war. „Lebwohl“, sagte ich in meinem Herzen, „lebwohl, mein weißer Elefant!“

Die langen, weißgedeckten Tische mit den Geschenken, Tannen- und Ilexzweiglein dazwischen, und in der offenen Tür der geliebteste aller Menschen: der Papa. Daß dies alles jedes Jahr wieder noch schöner und beseligender sein konnte, als man es sich geträumt hatte – selbst mit der neuen Traurigkeit im Herzen.

Die alte Spieluhr sang mit dünnem Stimmchen: „Stille Nacht, heilige Nacht."

III

ZIEHE ICH IN EIN ALTERSHEIM... ODER ZIEHE ICH NICHT IN EIN ALTERSHEIM?

Das Heim, das ich im Auge habe, heißt Valle Verde, auf deutsch Grünes Tal. Es liegt wirklich in einem stillen grünen Tal außerhalb von Santa Barbara in Kalifornien. Ein Hügelzug schützt es gegen den Nebel vom Meer, aber an heißen Tagen weht durch eine Schlucht in diesen Hügeln immer eine frische Brise herein. Nach Osten hat man den Blick auf die große Kette des Küstengebirges, dessen Gipfel bis zu 1300 Meter ansteigen. Die Stadt und die nette kleine Villenkolonie, die zwischen Valle Verde und dem Gebirge liegen, sieht man nicht, hört man nicht, riecht man nicht.

Altersheim ist nicht die richtige Bezeichnung für Valle Verde. Es ist eine Siedlung für ältere und alte Menschen, eine lockere Reihe von einstöckigen Gebäuden. Eher könnte man es ein Altersdorf nennen; das gefällt mir am besten. Ich habe mir seit meiner Kindheit gewünscht, in einem Dörfchen mit niederen Häusern zu wohnen. Man sagt, daß sich die Wünsche der Jugend zuweilen im Alter erfüllen. Nun wäre Valle Verde zwar keine vollkommene Erfüllung, aber wo gäbe es die auch in unserer unvollkommenen Welt! Leider hat dieses Dörfchen mit ungefähr 150 Einwohnern nichts mit Landwirtschaft zu tun. Der Duft von frischgemähten Wiesen, das Muhen der Kühe, die abends mit vollen Eutern von der Weide heimkommen, der Misthaufen auf dem Hof mit emsig scharrenden Hühnern und wogende Kornfelder – das alles würde mir dort nicht geboten. Aber es hat doch eine ländliche Atmosphäre, nämlich reine, nicht von Autogasen verpestete Luft, die Stille, die dem Stadtmenschen so nottut, und viele bunte Gärtchen rund um die kleinen Häuser. Hier haben die Menschen Platz und Zeit zum Gärtnern, so viel oder so wenig es ihnen gefällt.

In den zwölf Jahren, seit ich in Santa Barbara wohne, ist die einst so friedliche kleine Stadt erschreckend gewachsen. Die meisten der schönen Zitrus-, Pfirsich- und Nußplantagen am Stadtrand sind längst aufgeteilt, von Maschinen eingeebnet und mit Reihenhäusern oder gar Fabriken bebaut worden. Man nimmt an, daß in zehn oder spätestens fünfzehn Jahren die Riesenstadt Los Angeles all die hübschen kleinen Küstenstädtchen verschlungen hat, so daß es dann von San Diego bis San Francisco nur eine einzige monströse Metropolis gibt. Ich will hoffen, daß das abseits gelegene Valle Verde auch dann noch geborgen hinter seinen grünen Hügeln liegen wird.

Die zunehmende Verstädterung ist die Ursache, die mich wahrscheinlich aus Haus und Garten vertreiben wird, wo ich fünf Jahre so glücklich war, wie man es eben allein sein kann. Der Verkehr und damit Staub und Radau haben unheimlich zugenommen in der früher so stillen Umgebung meines Hauses. Nicht selten werde ich von einem Dröhnen und Knallen aus dem ersten Schlaf geweckt. Dann fechten ein paar rasende Motorradfahrer auf Olive Street, die eine Seite meines Grundstückes begrenzt, einen Schnelligkeitsrekord aus. Oder früh am Morgen versuchen die Besitzer einiger Sportwagen in meiner Nachbarschaft ihre von der Nacht abgekühlten und schon etwas betagten Motore in Gang zu bringen. Das klingt wie das Geheul von hundert Höllenhunden und dauert bei jeder der kleinen Radaukisten zehn bis fünfzehn Minuten, nicht gleichzeitig, sondern ein Geheul folgt dem anderen. Dabei gab es neulich ganz plötzlich einmal auch in meinem Inneren einen Knall. Ich setzte mich im Bett auf und sagte laut in die tauige Morgenfrühe: „Schluß! Ich will für den Rest meines Lebens Ruhe und saubere Luft haben."

Wo aber finde ich die? Es gibt in der schönen Umgebung von Santa Barbara noch idyllische Winkel, wo man vielleicht ein Haus erwerben könnte. Aber es ist eine der grotesken Tatsachen des modernen Lebens, daß jemand, der nicht Auto fährt, keine Möglichkeit hat, sich in eine verkehrsfreie Gegend zurückzuziehen. Denn wie will man ohne Auto zum nächsten Lebensmittelladen, sprich Supermarkt, gelangen, oder auch zum Arzt, in die Bibliothek, ins Museum, in eine Theatervorstellung? Und ich, die ich so gern reise, müßte ja auch irgendwie zum Flugplatz oder Bahnhof kommen können.

Von Valle Verde fährt jede Woche dreimal ein heimeigener kleiner Bus in die Stadt hinein und nach drei Stunden wieder zurück. Da hat man also reichlich Zeit für Besorgungen, man kann auf die Bank, zum Frisör gehen oder mit Freunden lunchen.

Valle Verde ist eines der ungefähr neunzig Altersheime, die, über das ganze Land verteilt, von den Baptisten erbaut wurden und einen guten Ruf genießen. Man braucht nicht etwa Baptist zu sein, um aufgenommen zu werden; man kann irgendeiner oder auch gar keiner religiösen Gemeinschaft angehören. Ich habe unsere Santa-Barbara-Siedlung mehrmals besucht, mich gründlich dort umgesehen und festgestellt, mit wieviel Erfahrung, Sorgfalt und Überlegung für die Bedürfnisse alter Menschen dort alles eingerichtet ist. Es gibt Appartements verschiedener Größen für eine oder auch zwei Personen, die meisten sind je vier und vier in einem Block zusammengebaut. Für mich käme eins der einzeln stehenden Häuschen in Betracht, mit zwei Schlafzimmern, einem großen Wohnraum, Bad und Küche und einem Abstellraum. Die zwei Schlafzimmer brauche ich, da ich ja ein Arbeitszimmer und ein Gastzimmer haben muß. Im Arbeitszimmer werde ich schlafen, umgeben von meinen Büchern. So halte ich es gern, damit ich mich auch nachts mal zwischendurch an den Schreibtisch setzen kann oder gleich frühmorgens, wenn plötzlich eine Idee auftaucht, die sofort niedergeschrieben werden muß. Im Gastzimmer werden hoffentlich oft einer der Enkel, die Tochter oder auswärtige Freunde einkehren, vor allem meine New Yorker Verlegerin, die mich auch in meinem alten Haus fast alljährlich besucht hat. In allen Wohnungen, ob groß oder klein, gibt es reichlich eingebaute Schränke, einen elektrischen Herd und Eisschrank und einen mit einem Redwoodzaun abgeschlossenen Sitzplatz im Freien mit Raum für Liegestuhl, ein paar Sessel, Tisch und Blumenbeet. Rund um die Gebäude liegen kleine Gärtchen, grüne Rasenflächen und zementierte Promenadenwege. Treppen gibt es nicht. In dem großen Verwaltungsgebäude ist der Speisesaal für die eine gemeinsame Mahlzeit des Tages; Frühstück und Abendessen oder Lunch bereitet man sich selbst. Neben dem Speisesaal gibt es Räume für alle möglichen kunstgewerblichen Beschäftigungen, die Bibliothek mit gemütlichen Sesseln, einen Saal für Kino und Theateraufführungen, Konzerte und Vorträge, sowie einen Meditationsraum. An diese weitläufigen Räume schließt sich das Krankenhaus an mit einer Anzahl zweibettiger Patientenzimmer, Konsultationsräumen und was sonst zu Diagnose und Therapie nötig ist. Das ist wichtig, denn in den meisten Altersheimen hierzulande muß man schon bei einer Grippe, die nur wenige Tage Bettruhe erfordert, in ein Hospital übersiedeln. Beruhigend für alte und nicht mehr ganz gesunde Menschen ist auch das „Intercom" in jeder Wohnung, mit dem man Tag und Nacht die Zentrale erreichen und jederzeit eine Krankenschwester herbeirufen kann.

Zwei mir bekannte Ehepaare sind bereits Einwohner von Valle Verde, das erst im Januar dieses Jahres eröffnet wurde. Beide habe ich mehrmals besucht und sie durchaus zufrieden gefunden. Zusammen mit dem Lebensgefährten zufrieden zu sein, ist ja auch leicht!

Bei Eintritt in das Wohnheim zahlt man eine größere Summe, die verloren ist, also im Todesfalle nicht an die Erben zurückgezahlt wird. Sie ist gerechtfertigt durch die vielen nützlichen Einrichtungen, den sehr großen Grundbesitz, der verhindern soll, daß irgendein Unternehmer in der nächsten Nachbarschaft bauen kann. Im Vergleich zu anderen Altersheimen sind die monatlichen Zahlungen nicht allzu hoch. Darin ist Heizung und Licht, Heißwasser, Anschluß für den Fernsehapparat, Bettwäsche und Handtücher, die periodische gründliche Reinigung der Wohnung, die Pflege der Umgebung des Hauses und die Hauptmahlzeit des Tages eingeschlossen – im Bedarfsfalle auch die Benutzung aller Krankenhauseinrichtungen. Dieser monatliche Preis ist kaum höher als die Summe, die mich mein bisheriges Haus kostet mit allen städtischen Abgaben, Grundsteuern, Versicherung, Müllabfuhr, Wasser, Gas, Elektrizität, Hypothekenzinsen und der nötigsten Hilfe in Haus und Garten, ganz zu schweigen von Reparaturen.

Wenn ich mich für Valle Verde entscheide, muß zuerst das Problem gelöst werden, ob ich mein Haus ohne größeren Verlust verkaufen kann. Bei den gespannten wirtschaftlichen Verhältnissen und den fast jedes Jahr steigenden Grundsteuern sind die Aussichten für einen günstigen Verkauf nicht sehr gut. Trotzdem aber dürfte ich nicht länger zögern, mir das Haus dort zu sichern, das für mich nötig wäre, denn von dieser Sorte sind nur noch zwei übrig.

Wichtig war mir auch festzustellen, daß mich niemand daran hindern wird, soviel zu reisen wie ich will. In dieser Beziehung werde ich sogar besser dransein als in meinem Haus, wenn ich monatelang unterwegs bin. Dort wird Haus und Garten versorgt, das heißt, das bißchen Garten, das man selbst besorgen muß. Mein großer Garten hier dagegen war immer bei der Heimkehr in traurigem Zustand, denn mehr als einmal die Woche kann ich mir den Gärtner nicht leisten. Da war denn das Unkraut üppig gewachsen, auf dem Rasen machte sich Löwenzahn breit, empfindliche Pflanzen waren vertrocknet, und sämtliche Sorten von Ungeziefer hatten auf meinem Grundstück ihre Familienzusammenkünfte gefeiert. Kurzum, es gab immer viel Arbeit, ehe alles wieder so war, wie es sich für einen respektablen Garten gehört. In diesem Jahr nun hatte ich keine größere Reise vor, und da wollte ich alles rund um mein Haus noch einmal ganz besonders bunt und schön haben. Ich habe allmählich einsehen müssen, daß ich nicht soviel Zeit und Kraft an den Garten und das ebenfalls zu große Haus verschwenden kann, wenn ich genug Kraft und Zeit zum Schreiben übrig behalten will. Und das ist ja doch die Essenz meines Lebens, die nicht verkümmern darf. Bei dem Gedanken, mich in nicht zu ferner Zeit verkleinern zu müssen, lag es nahe, noch einmal ausschweifend in Gartenüppigkeit zu schwelgen. Kaum also war der Flor der Narzissen in diesem Frühjahr verblüht, da stürzte ich mich in einen wahren Rausch von Gartenplänen, kaufte leichtsinnig Jungpflanzen von Petunien, Levkojen, Löwenmaul, ein paar neue Edelrosen, Fuchsien, Hortensien und Azaleen für schattige Stellen, Pelargonien, Begonien und Kakteen für die Veranda. Alles gedieh herrlich, und nach einer Weile explodierte geradezu ein Feuerwerk von Farben zu meinem und der Nachbarn Entzücken. Ich war geschwollen von Stolz, wenn sogar vorübergehende Fremde bewundernd stehen blieben und das Lob meines Gartens sangen. Natürlich hätte ich wissen müssen, daß dies alles weit mehr Zeit kostete, als es die Arbeit an zwei längst versprochenen Büchern zuließ. Tagtäglich verbrachte ich ein paar Stunden mit Beschneiden, Aufbinden, Düngen, Gießen, Jäten, Graben, Umpflanzen und einfach verliebtem Beschauen meiner bunten Beete und Töpfe. Mein alter Gärtner schüttelte den Kopf, obwohl er genau so ein Gartennarr ist wie ich. Zu alledem kommt noch, daß ich langsamer geworden bin, nicht nur mit jeglicher Haus- und Gartenarbeit, sondern auch am Schreibtisch. Und Schreiben muß ja täglich geübt werden. Es ist dasselbe wie für den Sportsmann das Training, für den Kunstgewerbler und Handwerker die dauernde Beschäftigung mit seinem Gewerbe. Ungeübtes verrostet, das gilt für jedes Gebiet.

Also auf nach Valle Verde, um zum Wesentlichen mehr Zeit und Kraft übrigzubehalten!

Jaa – aber da fällt mir ein, was ich alles zurücklassen müßte, wenn ich mich auf kleineren Raum beschränke. Was werde ich mitnehmen können von den Dingen, die mir lieb sind, vor allem von meinen Büchern? Abgesehen davon, daß ich ein Gartennarr bin, bin ich ja auch ein Büchernarr. Ich rede mir selber gut zu: sieh doch nur, was sich wieder alles an Ballast angesammelt hat in den fünf Jahren! So ein Umzug auf die letzte Station ist ein guter Anlaß, wieder mal alles nicht unbedingt Notwendige hinter sich zu lassen und, wenn möglich, andere damit glücklich zu machen, die es brauchen können. Habe ich denn nicht oft genug gepredigt, daß man im Alter unabhängig von äußerem Besitz werden soll? Und da gehe ich nun durch Haus und Garten und höre mich sagen: aber nicht die schöne Barockkommode, und gewiß nicht die Bücherschränke, die wir am Anfang unserer Ehe selbst entworfen haben und die uns auf allen Stationen unseres bewegten Lebens treu begleiteten. Auch nicht die rosa Azalee unter der Yuccapalme, die mir mein Enkel Norman voriges Jahr zu Weihnachten schenkte, ein zartes Dingelchen damals, das inzwischen gesund und stark geworden ist und monatelang blühte. Nein, die wird ausgegraben und mitgenommen! Und auch die liebliche rosa Rose, die First Love, Erste Liebe, heißt, und die blauen Hortensien ...

Seht, so bin ich, liebe Freunde, nun ist es heraus! Immer noch besitzgierig, immer noch kein Meister in der Weisheit des Loslassens und Verzichtens. Ja, jetzt in der Stille der Nacht, während ich hier sitze und schreibe, denke ich: kann ich denn überhaupt das geliebte Haus und den Garten aufgeben? Muß ich die Birke zurücklassen, die ich vor fünf Jahren pflanzte und die mir inzwischen übers Dach gewachsen ist? Ein Baum von dieser Größe würde es nicht überleben, wenn man ihn ausgrübe und verpflanzte. Und ich? Werde ich es denn überleben, wenn ich noch einmal die Wurzeln aus dem Boden ziehe und in andere Erde pflanze? Plötzlich wachsen die Bedenken riesengroß, ob ich wirklich den Schritt tun soll, von dem ich doch weiß, daß er vernünftig und mir angemessen ist. Natürlich wird es ein neues Abenteuer sein, ein Vorstoß in unbekanntes Land, wo an jeder Wegbiegung Gefahren auf mich lauern, die sich nicht voraussehen lassen. Aber habe ich denn Gefahren, Überraschungen, Reisen ins Unbekannte nicht mein Lebenlang geliebt und gesucht? Erinnere dich doch, sage ich mir selbst, wie oft du dich in irgend etwas kopfüber hineingestürzt hast, wovor dich eine innere Stimme warnte und das dann doch eine reine Freude wurde.

Beunruhigend ist diesmal vor allem die relative Endgültigkeit des Entschlusses, das fatale Gefühl, nicht mehr zurückzukönnen, wenn ich einmal den Sprung in das Grüne Tälchen getan habe. Denn damit habe ich ja die Brücken hinter mir abgebrochen. Soweit möglich, habe ich mein Bündel verkleinert in der Absicht, zum letztenmal umzuziehen – und oh! wie ich Umzüge hasse! Wenn es mir aber dort draußen zwischen lauter alten Leuten nicht gefällt? Laßt mich doch lieber noch einmal alle Vor- und Nachteile gründlich gegeneinander abwägen, ehe es zu spät ist.

Fest steht, daß ich in Valle Verde für diejenigen meiner Freunde, die nicht mehr Auto fahren, schwerer erreichbar sein werde. Aber ich lebe ja auch jetzt zeitweise in freiwilliger Klausur, und schon mehr als einmal habe ich mir gewünscht, vorübergehend in einem Trappistenkloster unterschlupfen zu können, weil ich da sicher wäre, von niemand gestört zu werden. Vorübergehend ist aber etwas anderes, als dauernd! Nun, ich hoffe, die Freunde werden mit oder ohne Auto den Weg zu mir finden, wenn sie mich oder ich sie brauche. Tochter und Enkel und jüngere Freunde werden auch für längere Besuche kommen und meine Verbindung mit der Außenwelt aufrechthalten.

Daß die Hauptmahlzeit des Tages pünktlich und zusammen mit anderen eingenommen werden muß, gehört für mich auch zu den Anfechtungen des Lebens in einer Gemeinschaft. Ich bin gewöhnt zu essen, wenn ich Hunger habe, manchmal spät, manchmal früh und am liebsten allein. In diesem Zusammenhang muß auch gestanden werden, daß ich dem Laster fröne, beim Essen zu lesen. Natürlich geht das nicht in Gesellschaft anderer, mit denen ich mich höflicherweise auch noch unterhalten muß. Zum Glück würde mir dort freistehen, die Tischgesellschaft nach Belieben zu wechseln, heute an diesem, morgen an jenem Tisch Platz zu nehmen, und nach einigen Versuchen fände ich vielleicht schweigsame Tischgenossen. Warum soll es aber nicht auch Tischgenossen geben, mit denen sich zu unterhalten ein Gewinn ist? Immerhin wird bei diesen Überlegungen deutlich, was für ein ungeselliger Kauz ich in den einsamen Jahren geworden bin. Daß ich wahrheitsgemäß versichern kann, für Bridge und andere Kartenspiele hoffnungslos unbegabt zu sein, mag meinen einsiedlerischen Neigungen zugute kommen.

Nun fragt sich, wieweit man ein Recht hat, seine eigene Arbeit für wichtig genug zu halten, um sich mehr oder weniger von einem Gemeinschaftsleben auszuschließen. Natürlich wird man sich vor Klatsch hüten müssen wie vor des Teufels Großmutter, denn der gedeiht in solchem Zusammenleben leicht, wie ich von Freunden weiß, die mehr Erfahrung darin haben als ich. Wie aber, wenn es einem oder gar mehreren der Mitbewohner einfallen sollte, mich ungeladen aufzusuchen, weil sie unbedingt ein paar ernstliche Nöte und Kümmernisse loswerden müssen, wozu auch gehören mag, daß sie ihre ganze Lebensgeschichte über mich ausgießen. Das würde mich gewiß erheblich stören in der Stille und Sammlung, die ich so nötig brauche. Trotzdem würde ich dann eben lernen müssen, die Tugenden der Geduld und Nächstenliebe gründlicher zu üben, als ich es bisher getan habe. Hoffentlich gelingt es mir, es mit freundlichem Gesicht und teilnehmendem Herzen zu tun. Denn es kann gut sein, daß es wichtiger ist, wenn ein einsamer alter Mensch erleichtert und getröstet aus meiner Tür geht, als daß ich noch ein Buch schreibe.

Soll ich also den Mut haben, nach Valle Verde zu ziehen, obwohl ich erwarten muß, dort mancherlei zu begegnen, was ich mir nicht unbedingt wünsche? Wer aber kann sagen, ob das, was ich aufgebe, nicht durch neue und wertvolle Erfahrungen und Erkenntnisse ausgeglichen wird.

Die am Anfang gestellte Frage bleibt also noch unbeantwortet. Inzwischen habe ich zwei Fragebogen von echt amerikanischer Ausführlichkeit ausgefüllt, und wenn die Baptistenväter die gelesen haben, werden sie womöglich lieber auf mich verzichten. Das will ich nun getrost dem Schicksal überlassen und dann in einem späteren Kapitel berichten, ob ich nach Valle Verde gezogen bin oder welchen anderen Weg ich an dieser Wende meines Lebens eingeschlagen habe.

IV

DAS GRÜNE TAL

Nun sind es schon mehr als sieben Monate her, seit ich in Valle Verde, der Siedlung für alte Menschen, einzog. – War mein Entschluß, alle Brücken hinter mir abzubrechen und noch einmal die Wurzeln aus dem Boden zu ziehen, richtig? Gehöre ich wirklich hierhin? Gewiß, am nötigen Alter fehlt es mir nicht. Es werden schon Fünfundsechzigjährige hier aufgenommen. Mich dagegen trennt nur eine kleine Frist von der Grenze, die ich einmal leichtsinnig den Anfang des *richtigen* Alters nannte. In zwei Jahren werde ich an dieser Grenze angelangt sein, vorausgesetzt, daß mir noch soviel Zeit beschieden ist.

„So Gott will un mir lewe noch!“ sagte unsere Tante Paula jedesmal, wenn meine Schwester und ich ihr im Ersten Weltkrieg nach einem Wochenendbesuch in Wiesbaden versprachen, in zwei oder spätestens drei Wochen wiederzukommen, um ihr ihren Lebensabend zu verschönen. Die Verschönerung ihres Lebensabends bestand darin, daß wir in diesen sorgenvollen Zeiten etwas Frohsinn, um nicht zu sagen Leichtsinn in ihre stille Wohnung brachten und nebenbei die Vorräte, die sie sich für uns vom Munde abgespart oder von ihren treuen alten Lieferanten heimlich zugesteckt bekommen hatte, bis zum letzten Krümel aufaßen. Wir waren damals immer hungrig, und wenn wir Bedenken äußerten über die fette Bewirtung in den mageren Zeiten, dann sagte sie, alte Menschen brauchten nicht mehr viel. Da stand sie auf dem Bahnsteig an dem Frankfurter Sonntag-Abend-Zug, kerzengerade und kerzenschlank, und tupfte sich die Augen mit dem Taschentuch. Wir waren daran gewöhnt, daß sie bei jedem Abschied weinte, aber so in aller Öffentlichkeit fanden wir es doch etwas genant. „Und wovon wirst du dich denn in den nächsten Wochen ernähren?“ fragten wir sie mit etwas verspäteter Besorgnis. „Och, von Linsesupp!“ antwortete sie unbekümmert, und hielt unsere Hände durch das offene Abteilfenster fest, als wolle sie sie nie mehr loslassen. „Ich hab doch noch en ganz Säckche voll Linse, und en paar Speckschwarte sin auch noch da: das gibt en kräftig Süppche und macht dick satt.“

Paulinchen nannten wir Nichten sie, weil sie wie das Paulinchen im Struwwelpeter soviel allein zuhause war. Heutzutage würde man sie noch nicht alt nennen: sie war erst einundsiebzig Jahre. Aber die Sorge um die drei Brüder an der Front und von jedem Bruder einen Sohn bedrückte sie schwer. Wie sie es fertig brachte, immer wieder einmal etwas Butter, Zucker und Mehl und womöglich noch ein Ei zu organisieren, um den Männern der Familie ein paar selbstgebackene Plätzchen ins Feld zu schicken, und was sie sich außerdem für unsere Besuche absparte, erinnerte mich damals schon an das biblische Ölkrüglein der Witwe. Ich fürchte, sie hat mit all dem Geben ihre eigene, von jeher zarte Gesundheit untergraben. Bei jedem unserer Besuche unterbreiteten wir ihr zum Trost und zur Erheiterung phantastische Pläne für ihren fünfundsiebzigsten Geburtstag. Dann würde bestimmt der Krieg vorbei und unsere Soldaten wieder daheim sein, versprachen wir, und ihr Fünfundsiebzigster sollte ein rauschendes Fest werden. Wir würden Gedichte auf sie machen und Szenen aus ihrem Leben dramatisch aufführen und mit dem für solche Ereignisse aufgesparten Sekt aus unseres Vaters Weinkeller auf sie anstoßen. Schon bei der Schilderung dieser Pläne brachen wir alle drei immer wieder in Lachsalven aus. Paulinchen hatte einen unverwüstlichen Sinn für Humor, und nie konnte sie widerstehen, wenn es etwas zu Lachen gab. Im stillen dachten wir, einmal müsse ihre selbstlose Liebe doch vergolten werden; aber wir sagten es nicht laut, in der törichten Scheu, die junge Menschen davon abhält, den Alten von ihrer Liebe zu sprechen. –

Paulinchen erlebte zwar noch das Ende des Krieges und die Heimkehr der Brüder und Neffen, aber ihren fünfundsiebzigsten Geburtstag erlebte sie nicht mehr. Ich bin jetzt schon älter, als sie es damals war.

Als ich gegen Ende des vorigen Sommers mit dem Gedanken an die Aufgabe meines Hauses umging, war ich noch keineswegs zu der radikalen Lösung, dem Altersheim, entschlossen. Ich merkte nur immer deutlicher, daß es mir schwerer wurde, das für mich zu große Haus und den geliebten, aber erst recht zu großen Garten zu bewirtschaften. Es blieb dabei nicht mehr Zeit und Kraft genug zum Schreiben übrig, und davon kann und will ich nicht lassen. Als ich vor fünf Jahren das Grundstück kaufte, tat ich es, weil ich mich in Haus und Garten Hals über Kopf verliebt hatte. Für einen vernünftigen Menschen ist das kein stichhaltiger Grund, ein Haus zu kaufen; aber auch viel vernünftigeren Leuten als mir ist es passiert, daß sie bei der Liebe die Vernunft im Stiche ließ. Ich fand damals und finde noch heute, daß es ein Haus mit Charakter und einem eigenen Gesicht ist. Es ist rings von Garten umgeben und steht etwas erhöht über der Straße; man muß neun Stufen von Naturstein hinaufsteigen, um zu der großen Eingangsterrasse zu gelangen, deren

Dach von sieben weißen Säulen getragen wird und an deren Nordseite eine alte, bizarre Yuccapalme steht, die damals acht große Blütenschäfte hatte. Wahrscheinlich war es die Verbindung von Säulen und Palme, die mein romantisches Herz bestochen hat. Beides zusammen erinnerte mich an eine italienische Villa, in der wir vor vielen Jahren ein paar glückliche Ferientage verbrachten. „Wegen einer Yuccapalme und sieben Säulen kauft man doch kein Haus, für das der Besitzer zuviel verlangt, weil er gleich gemerkt hat, daß Sie von finanziellen Fragen weniger verstehen als ein fünfjähriges Kind", warnten mich geschäftlich gesinnte Leute. Andere, die auch etwas von Häusern verstanden, versicherten mir, es sei eine günstige Kapitalanlage. Da man immer *den* Ratschlägen den Vorzug gibt, die den eigenen Wünschen entsprechen, kaufte ich das Haus und habe es nicht bereut. Es war eine glückliche Liebe, wenn auch keine günstige Kapitalanlage.

Aber nun war im September 67 mein alter Gärtner, der mir all die Jahre hindurch getreulich geholfen hatte, von einem Auto angefahren worden, als er auf den Bus wartete. Zum Glück wurde er nicht schwer verletzt, aber trotzdem verbot ihm sein Arzt auf lange Zeit jede Arbeit. Auch mit der netten Negerin, die mir bei der Hausarbeit half, ging es aus gesundheitlichen Gründen nicht länger.

Diese beiden Gründe und einige mehr, in erster Linie der Straßenlärm, hatten mich davon überzeugt, daß die Zeit für mich gekommen war, den äußeren Rahmen meines Lebens zu ändern. Als der Entschluß endlich feststand, verbannte ich alle Sentimentalität, genoß noch dankbar jeden Tag Haus und Garten und bereitete mich auf den Abschied vor. Ein neuer Lebensabschnitt mußte begonnen werden, und Neues hat mich immer gelockt. So auch jetzt.

Wie aber sollte dieses Neue aussehen? Valle Verde hatte ich mir schon ein paarmal angesehen, aber ich zögerte noch. Der Sprung in das Grüne Tal, der endgültiger sein würde als die beiden anderen Möglichkeiten, mußte gründlich überlegt werden. Die eine Alternative war, ein kleineres Haus mit kleinerem Garten zu kaufen oder zu mieten. Aber das wäre nur ein Hinausschieben der Lösung gewesen. Eines Tages würde der Zeitpunkt kommen, an dem es nicht mehr ratsam für mich wäre, allein zu wohnen. Die zweite Möglichkeit war ein Appartement, und auch das hatte Nachteile, obwohl da die Nähe der Nachbarn eine gewisse Sicherheit verlieh. Aber ich war nun seit Jahren schon wieder an das Alleinleben gewöhnt. Mit zunehmender Altersschwerhörigkeit hat merkwürdigerweise auch meine Geräuschempfindlichkeit zugenommen. Deswegen wäre auch ein Altersheim mit dicht neben- und übereinander gelegenen Zimmern für mich nicht in Frage gekommen. Der Gedanke schreckte mich ab, daß in einem solchen Heim oder in einem modernen Appartementhaus, von denen die meisten nicht mit dem nötigen Geräuschschutz gebaut sind, jemand über mir wohnen könnte, der mit schweren Schritten über meinem Kopf herumstampfte, Türen zuschmetterte oder bis spät in die Nacht bei offenen Fenstern Radio und Fernsehapparat auf Hochtouren laufen ließ. Dabei war mir die Idee, daß ich vielleicht jemand mit meinem Schreibmaschinengeklapper oder selbst mit diskret gedämpfter Musik stören könnte, ebenso unsympathisch, wie selbst gestört zu werden.

Wenn es mir gelingen würde, in Valle Verde eins der beiden letzten einzeln stehenden Häuschen zu bekommen, fielen diese Bedenken weg. Etwas Kopfzerbrechen gab es immer noch. Es gab auch noch Besprechungen mit meiner Tochter und mit einigen guten Freunden, die schließlich alle diese Lösung für mich richtig fanden. Endlich tat es noch einmal einen solchen Ruck wie bei dem Entschluß, mein Haus aufzugeben: ich entdeckte, daß die Würfel für das Grüne Tal gefallen waren.

Die italienische Villa mit den sieben Säulen und der inzwischen noch größer gewordenen Yuccapalme verkaufte ich mit Verlust, wobei nicht einmal in Betracht gezogen ist, was ich an Verbesserungen und Verschönerungen noch hineingesteckt hatte. Ein wohlwollender Makler riet mir, bis zum nächsten Frühjahr zu warten, da dann die Konjunktur aller Voraussicht nach besser sein werde. Das wollte ich nicht; ein unverkauftes Haus wäre eine finanzielle Belastung gewesen, die ich mir nicht leisten konnte. Nun ist der Frühling da und der Grundstücksmarkt noch schlechter als im vorigen Herbst. Ich habe Grund zufrieden zu sein, daß ich den Verlust in Kauf nahm. Man soll nicht mit Resten der Vergangenheit belastet in ein neues Leben gehen.

Der Umzug war so schauderhaft, wie Umzüge eben sind. Es mußte vieles weggegeben werden, wofür in dem neuen Haus kein Platz war: Bücher, Möbel, Waschmaschine, der elektrische Rasenmäher. Ich fand für alles, auch für das, was die Kinder nicht brauchen konnten, Abnehmer in Gestalt wohltätiger Vereine. Die meisten unserer alten Möbel, die wir aus der Ostzone gerettet hatten, nahm ich mit, obwohl es fast aussah, als wären es zu viele für das neue, kleinere Haus. Aber man kann nicht immer nur praktisch denken, das Herz muß auch mitsprechen. Nach viel Messen und Plänezeichnen fand dann alles gut Platz; keine der Stuben wurde überfüllt, und mein eigener Stil blieb auch in diesem Heim gewahrt.

Das ist wohl einer der Gründe, deretwegen ich mich bald in den neuen vier Wänden zuhause fühlte, nachdem erst das Umzugschaos überwunden war. Was den Garten betrifft, so kostete es mich mehr Überwindung als bei allem anderen, die Vernunft walten zu lassen. Ein paar Blumenzwiebeln und Stauden, die Azaleen und Hortensien und meine schönsten Succulenten, grub ich aus und nahm sie mit. Die Rosen, darunter auch die schöne First Love, ließ ich zurück, denn sie machen in unserem Klima zuviel Arbeit. Auch die Birke samt allen anderen Bäumen und großen Büschen, und die schöne Yucca – das alles blieb stehen, wo es stand. Obwohl es November war, als ich meine mitgebrachten Pflanzen hier in die Erde setzte, ist jetzt, Anfang Juli, mein Garten schon seit vielen Wochen bunter und üppiger, als ich es je zu hoffen wagte. Kürzlich bat mich ein Nachbar, einige Stellen photographieren zu dürfen. Er macht herrliche Bilder und hat schon im vorigen Sommer eine ganze „Chronik" aller besonders schönen Valle Verder Gärten angelegt, die er neulich einmal vorführte. Zum Erfolg meines Gartens haben die Ratschläge anderer passionierter Gärtner beigetragen, besonders die eines ehemaligen Kinderarztes, der in der Nähe meines alten Hauses wohnte und hier einer der ersten Residents war. Jeden Mittwoch Vormittag findet eine Zusammenkunft des Gartenklubs statt. Leider hatte ich bis jetzt noch keine Zeit daran teilzunehmen.

Wenn in wenigen Tagen David und Norman für eine Woche zu mir kommen, werden sie sich mit mir an all dem Schönen freuen. Mein täglich neues Entzücken ist die *Mandevillea,* eine Rankpflanze, die ich vorher nie gesehen hatte. Eine liebe Nachbarin hat mir das teure Exemplar, das ich mir wahrscheinlich selbst nicht geleistet hätte, ohne ersichtlichen Grund geschenkt. Gartenfreundschaften entstehen ja leicht über den Patio-Zaun hin. Die subtropische Mandevillea mit ihren breiten ovalen Blättern und Dolden von außen zartrosa, innen hellroten Blüten, an deren jeder sich wochenlang neue Knospen öffnen, und die fleißig immer weitere Dolden treibt, steht genau gegenüber der Glastür meines Wohnzimmers; eine Märchenblume, der jeden Morgen mein erster Blick gilt. Ich werde in den Wintermonaten gut aufpassen müssen, daß sie mir nicht erfriert, denn hier, am Fuß der Hügel, strömt zuweilen recht kalte Luft herab.

Ende dieser Woche, wenn die großen Brüder wieder mit ihrem Vater auf eine Wanderung mit Rucksack gehen, wird mir meine Tochter den kleinen Alan für einen Tag herüberbringen, der einen ausgeprägten Sinn für alles Schöne hat. Er war jetzt zwei Wochen bei einer mit seinen

Eltern befreundeten Familie zu Gast, die ihn gar nicht wieder hergeben wollte. Da zwei teenage Töchter den „kleinen Bruder" den ganzen Tag beschäftigten, soll er sich geradezu engelhaft benommen haben. David und Norman waren inzwischen mit ihren Eltern im Osten der Staaten, sahen Washington und New York und erlebten dann an der Harvard-Universität die Fünfundzwanzig-Jahr-Feier von ihres Vaters Examen. Zum Schluß fuhren sie noch alle zusammen in einem gemieteten Auto durch die New England-Staaten, die auch ich in diesem Herbst wieder zu besuchen hoffe. Ich freue mich schon auf alles, was die Buben von der großen Reise erzählen werden. Hier, wo ich fast ausschließlich mit alten Leuten lebe, ist der Besuch von Kindern und Enkeln eine willkommene Abwechslung.

Überrascht hat mich, wie schnell ich mich in meinem Grünen Tal einlebte, und wie gelassen ich auch dies und jenes Störende hinnehme, womit ich ja hatte rechnen müssen. So fand ich zum Beispiel, daß der Fußweg von meinem Haus zum Speisesaal bei starkem Regen völlig überflutet und kaum passierbar ist. Es ist nur ein Weg von etwa sieben Minuten, aber da kann man bei unseren tropischen Regengüssen von oben und unten schon gründlich naß werden. Als ich gelernt hatte, an solchen zum Glück seltenen

Tagen die obere Fahrstraße und nicht die Fußwege zu benutzen, war die Lösung dieses Problems gefunden. Dann entdeckte ich, daß die eigentliche Hauptmahlzeit, die abends zwischen fünf und sieben Uhr serviert wird, nicht in meinen Tagesplan paßte und auch sonstige Nachteile hat. Um diese Zeit ist der große Speisesaal voller Menschen, und das Stimmengewirr, vereint mit dem Tellerklappern, kann recht störend werden. Außerdem zieht man sich zur Abendmahlzeit um, wenn man tagsüber im Garten gebuddelt und an der Schreibmaschine gesessen hat. Ich entschloß mich für die etwas weniger reichliche, mir aber genügende Mittagsmahlzeit, zu der nur wenige Leute kommen und bei der man meist schneller bedient wird. Hier gilt bei allen Mahlzeiten die Regel, daß man sich an jeden Tisch setzen kann, an dem Platz ist, heute hier und morgen dort. Ich sitze beim Lunch häufig mit drei Frauen zusammen, wobei ich mich entweder an einer meist anregenden Unterhaltung beteiligen oder auch schweigend zuhören kann. Eine der Damen ist eine ehemalige Bibliothekarin, die hier auch unsere Heimbibliothek verwaltet. Ihr Hauptinteresse aber sind Vögel. Sie hat nach ihrer Pensionierung die ganze Welt bereist, von Alaska bis Südamerika, von Johannesburg bis Moskau, und fast alles, was dazwischenliegt, um Vögel und ihre

Wanderwege zu studieren. Jetzt im Frühling, wenn viele Arten noch unterwegs sind, steht sie morgens um fünf Uhr auf und wandert in die Hügel hinter unserem Dörfchen, um die verschiedenen Spezies für die Listen der Audobon-Gesellschaft zu notieren. Sie kennt jeden Vogel und jede Vogelstimme; neulich erzählte sie mir, sie habe eine halbe Stunde lang dem Gesang von zwei Singspatzen zugehört. Auch einem roten Fuchs mit herrlich gesundem, glänzendem Fell begegnete sie schon zweimal. Sein Bellen gehört zu den Lauten, die ich nach Einbruch der Dunkelheit zuweilen in meinem Haus hörte, zusammen mit dem Ruf einer Eule.

Die zweite an unserem Tisch ist kürzlich sechsundachtzig Jahre geworden, etwas gehbehindert durch Arthritis und auch sonst nicht sehr gesund, aber voller Humor und voller Geschichten aus ihrem Leben als Farmersfrau in New England. Das sind meist Erzählungen von Kindern und Tieren, wobei mein Lieblingsstück das von dem schwachen Schaflamm ist, das man im Haus großziehen mußte zusammen mit einem Wurf junger Hunde, deren Mutter sich des kleinen Schwächlings annahm. Schließlich hielt sich das Lamm, das kräftig heranwuchs, für einen Hund und benahm sich auch so. Es jagte mit den Milchgeschwistern Kaninchen, stieß nach dem frechen Gänserich auf dem Hof, der es ins Bein und die Hunde in den Schwanz zwicken wollte, und lag am Abend mit den Hunden zu Füßen der Hausfrau, wenn sie lesend auf der offenen Veranda saß. Als eines Tages der Schäfer mit seiner Herde auf der Landstraße vorbeikam, nahm es entsetzt Reißaus und flüchtete zu der Hundemutter.

Die vierte in unserem Kreis ist geborene Holländerin, eine blühend aussehende, stattliche Frau, gebildet und liebenswürdig. Man merkte kaum, daß sie ein wenig hinkt, so gut versteht sie, dieses Gebrechen zu verbergen. Eines Abends, als ich ihr zwei Bücher von Gorki brachte, um die sie mich gebeten hatte, und wir zum erstenmal allein zusammen waren, erwähnte sie, daß sie vor einigen Jahren zunehmender Schmerzen und Beschwerden wegen am linken Bein operiert worden sei. Die Chirurgen mußten eine eigroße Geschwulst aus dem Knochen des Schienbeins entfernen. Ein paar Tage nach dem Eingriff bat sie den Arzt, ihr die Diagnose zu sagen. Sie gehört nicht zu denen, die sich etwas vormachen lassen. Der Arzt antwortete ihr wahrheitsgemäß: Knochenkrebs. Ihre nächste Frage war, ob sie wieder gehen und radfahren können werde. Der Arzt redete ihr zu, sich mit dem Gedanken an einen Rollstuhl abzufinden. Das hatte sie schon selbst befürchtet, aber die Gewißheit wirkte wie eine Herausforderung. Sie beschloß, wieder gehen zu lernen, was es auch an Energie und Schmerzen kosten mochte. Sie hat es gelernt und geht nun sogar ohne Stock. Auch mit dem Radfahren hat sie schon wieder einen Versuch gemacht. Heute erzählte sie mir bei Tisch von einem einstündigen Weg durch unsere schönen Hügel. Wie sie da die abendlichen Farben der Büsche und Bäume, das purpurne Verblassen der hohen Berge auf der anderen Seite des Tales und den Abendgesang der Vögel beschrieb, das war so voll tiefer Dankbarkeit und strahlender Freude an den guten Gaben des Lebens, wie sie nur jemand haben kann, der schon vom Schatten des Todes gestreift wurde. Es hat sich, wie sie mir sagte, auch an ihrem rechten Bein jetzt eine Stelle gebildet, über deren Bedeutung sie sich keine Illusionen macht. Sie ist nur *eines* der Beispiele von Mut und Haltung, denen ich hier begegne, und von denen ich lerne, noch viel dankbarer jeden guten Tag zu genießen.

Im Anfang mußte ich feststellen, daß es einige Frauen hier nicht schätzen, wenn man mehr als es die Höflichkeit erfordert mit ihren Männern spricht. Verständlich in einer Gemeinschaft, wo einzelne Frauen eine starke Mehrheit sind. Da ist also Vorsicht geboten, was mir etwas schwerfällt, weil Gespräche mit Männern von jeher genauso wichtig für mich waren wie Gespräche mit Frauen. Unnötig zu sagen, daß ich darauf verzichten kann, wenn es die Ehefrau stört. Inzwischen, hoffe ich, kennen mich die meisten jetzt schon genug, um zu begreifen, daß ich keine persönlichen Absichten habe, sondern daß einfach die Polarität des Menschlichen, das Weibliche *und* das Männliche, für mich eine notwendige Ergänzung sind.

Schön war es für mich, hier schon ein Freundespaar vorzufinden, sogar eine ehemalige Frankfurterin mit ihrem englischen Mann. Wir hatten uns gleich im ersten Jahr meines Hierseins kennengelernt. Maria ist Malerin und Bildhauerin. Kürzlich fand hier in Valle Verde eine Ausstellung ihrer Werke statt. Ihre sehr schöne Büste von Aldous Huxley wurde von der University of California in Los Angeles angekauft. Obwohl schon achtzigjährig, arbeitet sie jeden Morgen drei Stunden an der Büste des Swami der hiesigen Vedanta-Gemeinde, und bei dieser Arbeit muß sie ja stehen. Ihre Energie und Ausdauer sind mir ein Vorbild. Ihr Mann, Eric, hat lange an der Santa Barbara-Universität unterrichtet, auch jetzt arbeitet er noch mit zwei geistig zurückgebliebenen jungen Männern und macht Übersetzungen. Da ihr Haus in nächster Nachbarschaft des meinen ist, sind wir gegenseitig leicht zu erreichen zu einer gemütlichen halben Stunde bei einer Tasse Tee am Nachmittag, ehe wir alle drei wieder an die Arbeit gehen. Es gibt immer ein anregendes, freundschaftliches Gespräch, wir tauschen Bücher aus und haben überhaupt gleichlaufende Interessen.

Als in den Osterferien Norman bei mir war, durfte er einen Abend Bridge mit ihnen und mit unserer Ornithologin spielen, etwas, wofür ich mich zum Kummer meiner Enkel nie genügend interessiert habe, um es zu lernen.

Eric und Maria nehmen mich auch zuweilen zu Einkäufen mit in die Stadt. Das Problem des Transports gehört nämlich zu denen, die noch nicht befriedigend gelöst sind. Wir haben zwar unseren grünen Valle Verde-Bus, mit dem man dreimal die Woche in die Stadt fahren kann. Nach vier Stunden wird man wieder abgeholt. Aber vier Stunden sind meist mehr, als ich für meine Besorgungen brauche. Da muß ich dann entweder an dem vereinbarten Treffpunkt lange warten oder mir eine Taxe nehmen. Wie froh bin ich immer, aus dem Menschengewimmel und dem Lärm der Stadt wieder in die Ruhe und saubere Luft unseres Dörfchens zurückzukommen!

Die Bewohner des Grünen Tales sind ein buntes Gemisch von Berufsgruppen und Persönlichkeiten, was für mich dem Ganzen eine besondere Würze gibt. Wir haben eine Anzahl von Theologen hier, früheren Missionaren in fremden Ländern oder Pastoren in den Vereinigten Staaten;

ein paar Schriftsteller und Künstlerinnen, ehemalige Lehrer und Lehrerinnen, Wissenschaftler, Geschäftsleute, Bibliothekare – alles in männlicher und weiblicher Ausführung, darunter, wie schon gesagt, in der Mehrzahl alleinstehende Frauen. Wir werden hier *Residents* genannt, das gefällt mir besser als die Bezeichnung Insasse oder gar Insassin, was mir oft in Briefen aus deutschen Altersheimen begegnet. Es erinnert mich peinlich an ein Gefängnis oder eine Anstalt. Tatsächlich haben manche deutsche Altersheime Ähnlichkeit mit einem Anstaltsbetrieb. Ich finde es unter anderem traurig, wenn die alten Menschen nichts von ihren eigenen Möbeln mitbringen, oft nicht einmal ein Bild an die Wand hängen dürfen, was ihnen gewiß schneller das Gefühl eines wirklichen Heims geben würde. Auch daß man bei Tisch so lange sitzen bleiben muß, bis alle fertig sind und gebetet worden ist, empfinde ich als unnötigen Zwang. Bei uns kann es jeder mit dem Beten halten, wie er will, und selbstverständlich auch vom Tisch aufstehen, wann es ihm beliebt.

Jede zu fühlbare Regulierung des Gemeinschaftslebens hat mehr Nachteile als Vorteile, was nicht ausschließt, daß ein lockeres Gerüst von Regeln nötig ist. Aber es muß mit taktvoller Hand und möglichst unaufdringlich angewandt werden. Das Wort „Verboten“ hat in Deutschland schon immer eine zu große Rolle gespielt. Wenn ich beauftragt wäre, eine Heimleiterin anzustellen (einen Posten, den es bei uns in diesem Sinne nicht gibt, da es bei der besonderen Struktur von Valle Verde nicht nötig ist), würde ich in allererster Linie prüfen, ob sie ein warmes Herz und Verständnis für die seelischen Bedürfnisse alter Menschen hat, die sie nicht beherrschen, sondern betreuen soll. Ich sehe ein, wieviel von solchen Oberschwestern oder Heimleiterinnen verlangt wird. Da ist die Verwaltungsarbeit, die ihren Vorgesetzten vielleicht wichtiger ist als das seelische Klima des von ihr geleiteten Heims. Aber neben der Arbeit *muß* ihr Zeit bleiben zu Besuchen in den Zimmern der einsamen Alten, Zeit auch für ein Gespräch, das den „Insassen“ oft nötiger sein wird als das tägliche Brot.

Unter meinen Leserbriefen sind auch viele aus verständnisvoll geleiteten Altersheimen und aus größeren Wohngemeinschaften für alte Menschen, die fast immer zufrieden klingen. Freilich sind diese Heime auch teurer, aber das dürfte doch bei der menschlichen Behandlung keine Rolle spielen. In den Wohngemeinschaften wird die wichtige Frage der persönlichen Betreuung neben anderen wichtigen Fragen von dem aus und von der Gemeinschaft gewählten Ältestenrat gesteuert. Daraus scheint sich zu ergeben, daß in diesen Gemeinschaften ein wärmeres Klima herrscht als in Altersheimen für weniger bemittelte Menschen und Flüchtlinge aus dem Osten. Gleich werde ich darauf zurückkommen, daß es in Valle Verde zwar grundlegende Regeln, aber keine strikten Verbote gibt. Unsere Residents kommen aus so verschiedenen Lebenskreisen, daß es kaum möglich wäre, sie alle unter einen Hut zu bringen. Was man verlangen kann und auch verlangt, ist, daß sie friedlich miteinander auskommen. Der Begriff der persönlichen Freiheit ist hier sehr weit gesteckt; aber wie bei jeder Freiheit des einzelnen gilt die Regel, daß immer und überall die Freiheit des Nebenmenschen respektiert werden muß. Das trifft auf jede Gemeinschaft zu: auf die Familie, die Ehe (oh, ganz besonders auf die!), auf nachbarliche Beziehungen und auf die innere Struktur von Staaten. Möge es doch auch für zwischenstaatliche Beziehungen von Ländern einmal Geltung haben! Im Zeitalter der Atombombe gibt es keine andere Wahl, als in Frieden miteinander zu leben oder miteinander unterzugehen.

Bis jetzt habe ich mich an den vielen Veranstaltungen, die unser Programmdirektor arrangiert und uns wöchentlich auf einer Liste mitteilt, noch kaum beteiligt, weil ich ganz in der Arbeit an diesem neuen Buch stecke. Dieser junge Programmdirektor, mit dem ich neulich ein langes, sehr aufschlußreiches theologisches Gespräch hatte, hat seine Examina in Theologie abgelegt, ist dann aber in das Verwaltungsfach und zu der Betreuung alter Menschen übergegangen. Seine Frau arbeitet als Hilfsschwester in unserem Hospitälchen. Beide sind warmherzig, für die Probleme älterer und alter Menschen aufgeschlossen und allgemein beliebt.

Mein Tageslauf sieht jetzt in großen Umrissen wie folgt aus, wechselt aber je nach Stimmung und Befinden. Prinzipiell stehe ich um halb sieben auf, oft auch erst später. Eine Tasse Tee, die Morgengymnastik und etwas Gartenarbeit, ehe es zu heiß wird. Es muß gestanden werden, daß ich auch hier das Gärtnern durchaus nicht lassen kann. Ich will Farbe und Blühen um mich haben, und offenbar brauche ich zu einem vollen Lebensgefühl, daß ich meine von der Tipperei müden Finger zuweilen in unsere fette schwarze Erde stecke. Adobe nennt man diese Erde, die bei den alten spanischen Bauten zu Ziegeln verwendet wurde und so fruchtbar ist, daß einfach alles darin gedeiht; dabei ist sie leider so schwer zu bearbeiten, daß man viel Torfmull und sonstige auflockernde Substanzen hineinmischen muß; sonst wird sie steinhart und nur ein starker Mann kann sie noch umgraben. Ist aber einmal etwas darin angewachsen, dann braucht es nur noch viel Wasser und gelegentlich einen Düngerguß. Ein bißchen inkonsequent ist es schon, daß ich wieder gärtnere, obwohl ich doch mein Säulenhaus hauptsächlich des zeitraubenden Gartens wegen aufgegeben habe. Aber seht, ohne die immer wiederholte Berührung mit Erde und Pflanzen würde mir etwas fehlen, das ich auch brauche, um schreiben zu können. Außerdem haben alle meine Nachbarn so schöne, bunte Gärten, daß ich ihnen bei mir nicht nur den Anblick von immergrünen Büschen, Efeu und Succulenten bieten kann.

Nachdem ich also in der Morgenfrühe ein wenig im Patio und an den meterbreiten Beeten rund um mein Haus gearbeitet habe, nachdem die Futternäpfe und das Wasserbecken für die Wildvögel frisch gefüllt sind, folgt die große Morgenwäsche mit einer erst heißen, dann kalten Brause. Darauf das Frühstück, wobei ich Gedichte oder einen Absatz aus einem Buch lese, und um neun Uhr muß ich an der Arbeit sein. Um zwölf der kurze Gang zum Mittagessen, vielleicht ein nettes Gespräch, vielleicht auch nicht. Es folgt ein Besuch bei meinem Freund, dem herrlichen Araberhengst Amyr Nasr, der bereits zwanzig Jahre alt, aber immer noch edel und schön ist. Sein Herr, der ihn fast täglich reitet, ist zweiundachtzig und wirkt eher wie ein Sechziger. Den Stall seines Pferdes, der früher als Bauhütte diente, hat er sich innen ausgebaut und ein großes Gelände für Amyr als Auslauf einzäunen lassen. Im Anfang behandelte mich der aristokratische Araber ein wenig von oben herab; jetzt aber trabt er schon vom entferntesten Punkt seines Geheges eilig herbei, wenn er mich kommen sieht, nimmt vorsichtig von meiner flachen Hand die Mohrrüben, die ich ihm täglich bringe und hält mir die Stirn zum Kraulen hin. Ist sein Herr grade bei ihm (er hält den Stall selbst in Ordnung), dann habe ich auch mit ihm ein kleines Gespräch (er hat damit angefangen), während Amyr mit seinem weichen Maul an meinem Haar schnuppert. Wir zwei Menschen sprechen von Pferden und von Schriftstellerei, denn Amyrs Herr ist ein Kollege von der Feder. Er war Chef einer großen Firma, hat dann an einer Universität Nationalökonomie und Finanzierungsfragen gelehrt, unzählige Zeitschriften-Artikel über diese und andere Themen geschrieben und schon zwei Bücher veröffentlicht. Jetzt arbeitet er in den frühen Morgenstunden an einem dritten Buch, das er in zwei Jahren fertig zu haben hofft.

Auf dem Rückweg zu meinem Haus gibt es noch zwei Stellen, an denen ich abwechselnd Halt mache. Die erste ist bei einer sehr alten Ärztin, die kürzlich eine Staroperation am linken Auge hatte, und nun auf eine an ihrem rechten Auge wartet. Inzwischen wohnt sie in einem der kleinen Appartements in der Nähe des Haupthauses, wo erholungsbedürftige, aber nicht kranke Residents von einer Schwester betreut werden, bis sie wieder in ihr eigenes Appartement zurückkehren können. Sie bekommen hier die Mahlzeiten aus der Küche in einem Wärmewagen gebracht. Meine zweite Haltestelle ist bei einer Fünfundsiebzigjährigen, die sich, wie auch die Ärztin, immer über eine kurze oder längere Unterhaltung freut. Sie hat vor fünfzehn Jahren ein Bein bis zur Hüfte abgenommen bekommen, und ihr Leben spielt sich zwischen Rollstuhl, Krücken und dem kleinen elektrischen Wagen ab, mit dem sie zu der Hauptmahlzeit in den Speisesaal fährt. In ihrem Appartement hat sie sich alles so einrichten lassen, daß sie gut allein zurechtkommen kann. Beruflich hat sie jahrzehntelang als Radio- und Fernsehsprecherin gearbeitet, Kindern Geschichten erzählt oder mit Kindern gespielt. Kinder sind immer noch ihre große Liebe. Norman hat sie in den Osterferien zweimal besucht, sich lebhaft mit ihr unterhalten und mit ihr ein Würfelspiel gespielt, woran sich ihr hellblauer Wellensittich beteiligte, indem er die Würfel mit dem Schnabel umdrehte. Sie hat viele Interessen, macht Buchbesprechungen für ihren Klub, ist an karitativen Unternehmungen beteiligt, und man trifft sie nie anders als fröhlich. „Wissen Sie“, sagte sie mir einmal, „als ich mit nur einem Bein ins Leben zurückhumpeln mußte, habe ich mir gesagt: mach ein fröhliches Gesicht, belaste andere nicht mit deinem Schicksal, es gibt Schlimmeres. Wenn du trübselig dasitzt und dich selbst bedauerst, wird keiner gern zu dir kommen, und eines Tages wirst du einsam sein." Man kann nur ahnen, wieviel Willenskraft, wieviel harte Disziplin hinter dieser Haltung steckt.

Um halb zwei oder ein wenig später bin ich wieder zuhause und lege mich zur Mittagsruhe. Diese Zäsur in der Mitte des Tages brauche ich, um abends länger arbeiten zu können. Ich lese, schlafe auch ein wenig, und dann geht es zurück an den Schreibtisch. Ein wenig bedrückt es mich manchmal, daß ich so ungesellig bin und fast dauernd das Schildchen mit der unfreundlichen Mahnung: BITTE NICHT STÖREN! an meiner Haustür hängen habe. Aber ich muß die strenge Klausur einhalten, bis dieses Manuskript nicht mehr auf meinem, sondern auf dem Schreibtisch meines geduldigen Verlegers liegt. Es gibt zwar noch ein anderes halbfertiges Buch, mit dem ich mich dann beschäftigen muß, aber damit ist es nicht so eilig, und ich habe vor, meinen alten Freunden und den Nachbarn hier zu sagen, daß ich an bestimmten Wochentagen nachmittags zwischen vier und sechs für sie zu sprechen bin. Um sechs höre ich die Abendnachrichten. Während der hier so störenden

Unterbrechung durch Reklamen schreibe ich meine geschäftlichen Briefe, bereite mir mein leichtes Abendessen und mache dann oft noch einen kurzen Gang durch unser friedliches Dörfchen, um die gerade jetzt so erschreckenden Nachrichten zu überdenken, und die innere Ruhe wiederherzustellen. Wir sind im Juni 1968, und was hat sich in den letzten Monaten alles ereignet! Es wird immer schwerer, sich bei all den Tragödien dieser Zeit von der tiefen Sorge um dieses einst so geachtete und mächtige Land soweit zu befreien, daß man sich auf anderes konzentrieren kann.

Gestern stand der volle Mond über Valle Verde, als ich meinen Abendspaziergang machte. Im Gestrüpp der Hügel tönte wieder das Bellen des Fuchses. Unsere Vogeldame erzählte mir neulich, daß sie morgens zuweilen die Spuren eines Waschbären in ihrem Garten findet; auch Rehe lassen sich nachts in der Siedlung blicken. In den meisten der kleinen Häuser brennt noch Licht, wenn ich vorüberkomme. Zuhause höre ich noch eine halbe Stunde Musik. Ein Gedicht am Morgen, Musik am Abend, das ist der beste Trost in der Verworrenheit unserer Zeit. Von acht bis elf noch einmal an den Schreibtisch. Um elf ins Bett und eine Stunde lesen, während ich ein Glas Sherry oder Rotwein trinke. Um zwölf wird das

Licht gelöscht, sonst bin ich am nächsten Morgen nicht ausgeschlafen.

Mit meinem abendlichen Gläschen hat es hier eine besondere Bewandtnis. In dem von mir beantworteten Fragebogen stand kein Wort davon, daß rauchen und trinken verboten sei. Das Wort „verboten“ kommt überhaupt nirgends vor, auch nicht in dem dünnen Heftchen mit den allgemeinen Verhaltensregeln. Die Bewohner von Valle Verde sollen nicht den Eindruck bekommen, daß sie bevormundet werden. Wohl aber wird vor Eintritt in die Gemeinschaft die Frage gestellt, ob man fähig und gewillt sei, andere Meinungen mit Toleranz hinzunehmen. Das hat mich gefreut, weil ich schon immer der Ansicht war, daß Toleranz eine der unerläßlichen Bedingungen für friedliches Zusammenleben großer oder kleiner Gruppen von Menschen ist. Respekt vor anderen religiösen, politischen, sozialen Ansichten, Hinnahme des Anders-seins der Mitmenschen, einerlei welcher Rasse sie angehören oder welche Hautfarbe sie haben, gehört selbstverständlich zur Haltung des zivilisierten Menschen. Man darf dabei nicht vergessen, daß die ersten Siedler nach Nordamerika, ins Land der Freiheit, kamen, weil sie in der europäischen Heimat ihres Glaubens wegen verfolgt wurden. Die Quäker, die Baptisten, die Methodisten waren Puritaner und sind es zum Teil heute noch. Dazu gehört, daß die meisten nicht rauchen und keinen Alkohol trinken. Auf ihren Einfluß ging das Gesetz der Prohibition zurück, das von 1917 bis 1932 in Kraft war, dann aber widerrufen werden mußte, weil es mehr Schaden als Nutzen stiftete. Hier in Valle Verde, der Baptistensiedlung, habe ich in den gemeinsamen Räumen noch niemand rauchen oder trinken sehen. Aber die im Fragebogen betonte Toleranz verlangt, daß es jedem Einzelnen überlassen bleibt, was er in seinen eigenen vier Wänden tut. Ich sehe zuweilen eine leere Weinflasche in einem unserer Mülleimer, und ich bin überzeugt, daß niemand mich tadeln würde, wenn man wüßte, daß ich vor dem Schlafengehen etwas Alkohol trinke. Das gibt mir die nötige Bettschwere, wenn ich von der Arbeit zu aufgekratzt bin. Außerdem schmeckt es mir gut, denn ich bin in einem Weinland aufgewachsen. Und so sage ich: Auf Euer Wohl, Freunde in aller Welt und Nachbarn im Grünen Tal. – Gute Nacht!

V

DIE LY
PORTRÄT EINER GROSSMUTTER

Das könnte die Überschrift für ein Grimmsches Märchen sein, und genau besehen ist es auch ein Märchen, daß es so etwas wie diese Frau in unserer Zeit noch gibt. „Die Ly“ hieß sie bei den jungen Künstlern vom Weimarer Bauhaus, als sie vor vielen Jahren dort studierte und so will auch ich sie hier nennen. In Weimar war es auch, daß sie einen Maler kennenlernte, den sie dann heiratete. Sie waren beide sehr jung, sehr verliebt, sehr arm und sehr begabt. Von ihm hängen ein paar sehr gute Bilder im Erfurter Museum und einige im Haus meiner Geschwister in Frankfurt. Ich besitze ein Kinderbild von ihm, das ich liebe und das uns über viele Stationen unseres bewegten Lebens bis nach Kalifornien begleitet hat. Es sind nun an die vierzig Jahre her, daß Lys Mann in Erfurt starb, als er wieder einmal zu Besuch dort war, um in den Benaryschen Treibhäusern und Gärten Blumen zu malen. Eine Infektion brach seine glänzend ansteigende Lebenskurve als Mensch und Künstler jäh ab. Ly blieb mit vier Kindern zurück, das jüngste noch an der Brust, der Älteste schon in der

Schule. Die Freunde mußten fürchten, daß der frühe, ganz unerwartete Tod des Gefährten, der auch für ihr eigenes Dasein einen unheilbaren Bruch bedeutete, den Lebensimpuls der jungen, blühenden Frau für immer lähmen werde. Doch das traf nicht ein. Es taten sich da Quellen der Kraft auf, die zuweilen gerade in den am tiefsten verletzten Menschen überraschend stark zu fließen beginnen.

Sie wohnt in dem alten Familienhaus mit vielen steilen Treppen und Winkeln, einem Minimum an modernem Komfort und einem Maximum an persönlicher Atmosphäre, mit einem großen Nußbaum im Hof zwischen Mauern und Schuppen und einem Garten, wie ihn nur solche durch Generationen im Besitz derselben Familie gebliebenen Häuser haben. Da sitzt sie am Fenster und stickt zauberhaft schöne Bildteppiche. Jedes ihrer vier Kinder soll einen bekommen, und jeder der Teppiche bedeutet jahrelange Arbeit. Drei der Kinder leben schon nicht mehr im Umkreis der Mutter. Nur der Älteste, Michel, hat seine Steinmetzwerkstatt in einem Hinterhaus, in dessen Hof auch die Volieren mit seinen kostbaren Vögeln stehen. Früh am Morgen, wenn seine Frau und Tochter zu ihren Arbeitsplätzen gefahren sind, kommt er zuweilen zum Frühstück zur Mutter herauf. Da sitzen sie dann beieinander, reden oder schweigen, und oft spricht der Michel von seinen Sittichen und seinen Grabsteinen. Dann geht er wieder an die Arbeit. Auch die anderen Kinder kehren immer wieder aus größerer oder nicht so großer Entfernung zur Mutter zurück. Freunde kommen dann und wann, oder die Ly fährt nach dem nahen Homburg oder Frankfurt, um dort Freunde zu besuchen. Sie hat eine dauerhafte Verbindung mit allen, die einmal zu ihrem Leben gehörten, aber wie es uns allen im Alter geht, so ist es auch um sie stiller geworden. Sie ist viel allein. Aber sie gehört zu den alten Menschen, die es fertig bringen, ihre Einsamkeit mit einem Inhalt zu füllen. Das überrascht niemand, der ihre schöpferischen Fähigkeiten kennt.

Wenn man sie so in ihrem Stuhl am Fenster sitzen sieht, ergraut und ein wenig schwer geworden, umgeben von bunten Stofflappen und vielfarbigen Woll- und Seidenresten; wenn sie mit Gelassenheit und Humor von den Wegen und Schicksalen ihrer Kinder und Enkel erzählt oder von ihren astrologischen Studien spricht, dann spürt man, daß es ein erfülltes Leben war, das seine Zeichen in ihr volles, rosiges, fast noch faltenloses Gesicht schrieb. Leicht war und ist dieses Leben nicht, aber es wurde bewältigt und rundgeschliffen. Nun kann die Harmonie der abendlichen Stille auch von den nie endenden Sorgen und Schwierigkeiten nicht mehr wesentlich gestört werden.

Als ich anfing, dieses Kapitel über sie zu schreiben, stellte ich noch ein paar Fragen an sie, unter anderem auch nach dem Kolonialwaren- und Gemüselädchen im Parterre ihres Hauses. Sie antwortete bald und so ausführlich, wie ich es nur wünschen konnte:

„In den Jahren nach D.s Tod hatte ich nur den Garten und im Winter malte ich Kinderbücher. Meine eigenen Kinder kamen natürlich alle als handelnde Personen darin vor. Es gab die Weihnachtsgeschichte, die Schöpfungsgeschichte und das Tierparadies. Das letztere liebten die Kinder besonders, noch heute können sie Verse daraus auswendig. Darin ist jeder Tierart ein Raum zugewiesen, wo sie in Frieden leben und von der Mühsal des Erdenlebens ausruhen können. Es fand sich für diese Bücher, wie auch später für mein Bienenbuch, kein Verleger. Wegen der vielen Farben wäre der Druck zu teuer geworden.

Das Lädchen übernahm ich erst später als Zusatzverdienst zu meiner Lebkuchenwerkstatt. Da ich selber weder Talent noch Neigung zum Kaufmännischen hatte, stellte ich gleich eine tüchtige Verkäuferin an. Nur im Krieg, als meine Werkstatt schon geschlossen war, half ich mit, Zucker, Mehl, Seifenpulver und Kartoffeln zu verkaufen und auf Marken zu verteilen. Erst nach dem Krieg wurde das Lädchen endgültig verpachtet und so blieb es bis heute."

Der Garten gedieh unter ihrer Hand und lieferte Gemüse, Kartoffeln und Obst für die heranwachsenden, immer hungrigen Kinder. Er füllte aber nicht nur die Speisekammer und den Keller. Für die Malerin Ly war es selbstverständlich, daß er auch vom frühesten Frühjahr bis spät in den Herbst eine verschwenderische Fülle von Blumen hervorbrachte. Kurz vor dem Krieg kamen auch noch Bienenstöcke dazu, die auf den Blumenbeeten ihres Gartens und in den umliegenden Gärten, auf den Wiesen und in den vielen Linden der Gegend ihre Nahrung fanden. „Der Honig meiner Bienen, der Garten und das Lädchen halfen uns im Verein mit einer Ziege über die Kriegsjahre", schrieb sie.

Und weiter: „Auf die Idee mit der Lebkuchenbäckerei war ich schon lange vor dem Krieg durch eine Kindheitserinnerung gekommen und zwar an ein Gebäck, das mich in der Weihnachtszeit immer besonders beglückte. Es waren kleine Tierfiguren, umrahmt mit Zuckerperlen in getrennten Farben. Die dazugehörigen ererbten Förmchen waren noch da. Ich beschloß, ähnliche Kuchen zu backen und fing an mit Versuchen. Ich wälzte Konditorbücher, stellte Rezepte zusammen und probierte sie aus, bis ich den passenden Teig gefunden hatte. Nun entwarf ich neue, größere Figuren, schnitt sie aus dem Teig, buk und verzierte sie. Die fertigen Kuchen packte ich in zwei Handkoffer und fuhr damit zur Leipziger Messe, wo ich im Grassi-Museum einen kleinen Stand gemietet hatte. Der Erfolg war unerwartet groß. Ich bekam so viele Aufträge, daß ich sie kaum bewältigen konnte. Im Seitenflügel des Hauses wurde eine Werkstatt eingerichtet und ein paar weibliche Hilfskräfte angelernt. Begüterte Freunde verhalfen mir zu einem großen Backofen. Bald fing ich auch an, zu Ostern Eier und Hasen zu backen und jedes Jahr fuhr ich im Frühjahr und im Herbst mit meinen Kuchen zur Messe. Die Lebkuchenwerkstatt spielte jahrelang in meinem und der Kinder Leben eine große Rolle. Es war die einzige Unternehmung, mit der ich Erfolg hatte, nur leider nicht finanzieller Art. Für die aufgewandte Zeit und Mühe blieb von dem Verdienst zu wenig übrig. Dazu kam, daß man weder Lebkuchen noch Biskuithasen auf Vorrat backen kann. Dadurch drängte sich die ganze Arbeit in die paar Wochen vor Weihnachten und Ostern zusammen. Oft mußte ich die Nächte zuhilfe nehmen, um alle Aufträge termingemäß zu bewältigen. Dafür war dann der ganze Sommer frei für den Garten. Zu Beginn des Krieges mußte die Werkstatt wegen der Rationierung der Lebensmittel geschlossen werden. Sie wurde auch später nicht mehr aufgemacht. Ich hatte sie im Krieg für Ausgebombte und Flüchtlinge zur Verfügung gestellt und als die Räume nach Jahren wieder freiwurden, war ich zu alt für einen neuen Anfang. Jetzt backe ich in dem alten Backofen nur noch jedes Jahr zu Weihnachten Honigkuchen für den Hausgebrauch. Die Kinder, auch die auswärtigen, kommen dann helfen. Sie können es schon besser als ich. Es gäbe für sie kein Weihnachten ohne die Kuchen. Auch die Tochter in Kalifornien hat die Lebkuchentradition fortgesetzt und backt sie alljährlich zur Freude ihrer Kinder, besonders des großen Sohnes, Christoph."

Soweit Ly selber. Es muß aber auch noch etwas gesagt werden über die Freude, die wir jedes Jahr an diesen künstlerischen und wohlschmeckenden Kuchen hatten. Zuweilen äußerten wir bei der Bestellung besondere Wünsche, die dann immer getreulich erfüllt wurden. Einmal bestellten wir eine große Eule für einen gelehrten Freund, ein Herz für eine Freundin, einen Blumenkorb für Bens Geburtstag. Zum Weihnachtsfest gab es einen Christbaum mit bunten Kugeln und Kerzen; es gab auch einen stolzen Hahn, alle Zeichen des Tierkreises und natürlich die Krippe mit dem Jesuskind, Maria und Josef, den Hirten mit Herde und Hund und die Heiligen Drei Könige in Glanz und Prunk. Was immer die Freunde sich wünschten, formte die Ly mit unerschöpflicher Phantasie. Wir machten dann Gedichtchen dazu für jeden Empfänger und man konnte sich kaum ein reizenderes Geschenk denken. Viele dieser Lebkuchen fanden wir zu schön zum Aufessen. Jahrelang bewahrten wir sie in ihren Zellophanhüllen auf und nahmen sie immer wieder heraus, um sie zu bewundern. Die letzten begleiteten uns auf unserer Flucht nach Westdeutschland, wo wir sie dann in den Hungerjahren nach dem Krieg aßen, als wir sonst nicht viel zu beißen hatten.

Wie mit den Lebkuchen und den schönen Bilderbüchern ging es dann auch mit ihrem Bienenroman: ein materieller Gewinn kam nicht dabei heraus. In dem Bienenbuch hat sie mit wissenschaftlicher Genauigkeit, aber in der Form eines Romans, das bewundernswerte und komplizierte soziale Leben eines Immenstaates geschildert und zu jedem Kapitel eine Initiale gemalt, die an die kostbaren Malereien in alten Evangelien oder Stundenbüchern erinnerten und uns alle entzückten. Aber wieder kam es so, daß sich kein Verleger an den teuren Druck dieser preziösen Initialen heranwagte.

Bei allen ihren Unternehmungen, welcher Art sie auch waren, fand die Ly immer Zeit, ihren Kindern Geschichten zu erzählen, deren besonderer Reiz war, daß sich jedes der Kinder darin in märchenhafter Verkleidung erkennen konnte. Einer der Söhne schielte als Kind und stets war es dieser Schieler, dem auch die gefährlichsten Abenteuer zu unerwartetem Glück ausschlugen, weil er gut und klug war. Auch der starke Michel, die liebliche Veronika und die kleine Christa mit ihrem Köpfchen voll krauser Phantasien bekamen ihr Teil an den märchenhaften Abenteuern. Während des Erzählens waren die Hände der Mutter immer beschäftigt. Es entstanden Puppen aus alten Lappen, Fabeltiere aus Draht und Leder. In der Adventszeit wurde Weihnachtsschmuck angefertigt, vor Ostern Eier bemalt. Die Kinder durften immer mithelfen, und bald gaben sie auch eigenen Ideen Gestalt. Bei aller Kargheit des äußeren Lebens hatten sie eine bunte, reiche Jugend. Ly, die Vater und Mutter in einem sein mußte, gab ihnen eine Erbschaft, die sie dann in ihr eigenes Leben mitnahmen, jedes auf seine besondere Art. Immer schenkte diese Mutter aus den nie versiegenden Quellen ihres liebenden Herzens und ihrer schöpferischen Kraft.

In den Nachkriegsjahren, als wir Thüringer heimatlos geworden waren, wohnte meine Schwester mit ihrem Mann, dem Maler und Architekten Theo Kellner, ein paar Jahre in einem Flügel von Lys Haus und auch ich wurde dort zuweilen als Besuch beherbergt. Es war die Zeit, als Kellner das Frankfurter Goethehaus aus Schutt und Trümmern wieder aufbaute. Er lebte damals völlig in der Aura Goethes, las jede Zeile, die der Dichter geschrieben, kannte jeden, der in seinem Leben eine Rolle gespielt hatte. Die Lykinder waren nun schon erwachsen und alle künstlerisch so interessiert, wie man es nicht anders erwarten konnte. Da gab es dann an den Sonntagen und an den langen Winterabenden Gespräche über die Aufgabe, die dem Freund der Familie zugeteilt worden war und die ihn ganz erfüllte. Es wurde vorgelesen aus Briefen und Tagebüchern der Goethezeit, es wurden Bilder betrachtet und Gedichte rezitiert und dann entspannen sich lange Diskussionen. Auch musiziert wurde oft. Es waren trotz Hunger und sonstigen Sorgen schöne, fruchtbare Jahre für alle Beteiligten. Ich bin heute noch dankbar, daß auch Ben und ich etwas davon mitbekamen. Das alte Haus hat für mich seitdem etwas von der Atmosphäre der Goethezeit behalten. Ich glaube, es war dort, daß ich zum erstenmal meine „Versuchungen des Meisters Johannes“ vorlas, worin unser ganzer Freundeskreis vorkam. Daß die Ly auch das Vorbild zur Tante Gundula im „Aufruhr in Vogelsang“ war, ist leicht zu erraten. Diese phantastische Geschichte wird bald neu erscheinen unter dem Titel „Anemone und der böse Kauz“.

Jetzt wohnen Kellners schon lange wieder in einem eigenen Haus am Stadtrand von Frankfurt. Von ihrem großen Wohnzimmerfenster kann man die ganze Taunuskette über die Niddawiesen hin sehen und am Fuß der Berge das alte Hugenottenstädtchen, in dem die Ly lebt. Als ich im Sommer 66 vor meiner brasilianischen Reise bei den Geschwistern war, kam Ly zweimal herüber und während wir am Wasserbecken eines der schönsten deutschen Gärten saßen, zeigte sie uns Farbphotos von zwei bereits fertigen Bildteppichen.

Diese Teppiche sind wirklich, wie Theo Kellner einmal gesagt hat, eine Fortsetzung von Lys Kinderbüchern. Sie sind auf starkes Leinen gestickt und mit Stoffstückchen appliziert. Der erste ist für den Ältesten, Michel. Er stellt eine Urwaldlandschaft von bunter Üppigkeit dar. Die konnte die Künstlerin nur im Frankfurter Palmengarten und auf Abbildungen studieren, aber nachdem ich selbst etwas von der subtropischen brasilianischen Landschaft und den zauberhaften Gärten der Freunde dort gesehen habe, kann ich nicht genug staunen, wie ähnlich Lys Hände das gestaltet haben und wie deutlich ihr inneres Auge geschaut hat, was ihre irdischen Augen nie sahen. Dieser Teppich heißt „Der alte Traum". Ich faßte es so auf, daß die bunten Sittiche, die eigentlichen Akteure des Bildes, sich zurückträumen in die Heimat ihrer Ahnen, die sie nie gesehen haben, da sie in der Gefangenschaft geboren wurden. In Lys Tropenlandschaft schlingen sich Lianen von Baum zu Baum und auf den Ranken schaukeln sich Michels kostbare Vögel, alle mit ornithologischer Genauigkeit abgebildet. Als ich von Südamerika zurückkam, bat ich Ly um Abzüge der Farbfotos. Die Namen der Großsittiche teilte sie mir jetzt noch einmal in einem Brief mit. Da ist der Prachtrosella, der rotblaue Bartsittich, der graurosa Bartsittich, der blaugelbe Blaßkopfsittich. Das kleine grüne „Schwarzköpfchen" schickt sich auf dem Teppich gerade an, einen Käfig zu verlassen, den irgendwer an den Ranken aufgehängt hat. Ein gleiches wartet schon auf den Gefährten. „Sie gehören der Familie der unzertrennlichen Zwergpapageien an, die ganz monogam sind", schrieb Ly. „Alle diese Vögel stammen von den verschiedensten Rassen und aus den verschiedensten Ländern, aus Asien, Südamerika, Afrika. Nie würden sie in der Natur zusammenkommen, noch sich auf so engem Raum miteinander vertragen. Das tun sie nur auf meinem Teppich." Da haben wir wieder Lys „alten Traum" vom paradiesisch friedlichen Zusammenleben und so war der Titel gemeint. Die bunten Vögel sitzen oder fliegen zwischen Urwaldpflanzen und tropischen Blumen, die ebenso märchenhaft, aber auch ebenso naturwissenschaftlich richtig sind wie die Sittiche selbst. Das alles ist mit unendlicher Arbeit aus kleinen Stückchen von Seide oder alten Brokaten auf Leinen appliziert, umrandet mit winzigen Stichlein und mit glänzenden Woll-, Nylon- und Seidenfäden gestickt. Man glaubt es gern, wenn Ly sagt, daß sie zwei Jahre und mehr für jeden Teppich braucht. Welche Mühe, aber auch welche wunderbare Altersbeschäftigung für diese Frau, bei der sich ihr ganzes Leben hindurch alles in Farben, Formen und Bilder umsetzte.

Der Teppich für Matthias, der schon als Kind eine nahe Beziehung zu allen Wasserwesen hatte, heißt „Das Harfenkonzert". „Hier", schreibt Ly, „halten sich die Fische nur sehr bedingt an die Natur. Sie sind der Phantasie entsprungen; es gibt sie in Wirklichkeit gar nicht. Man würde sie vergeblich in einem Fischlexikon suchen. Bei manchen bestehen die Körper aus schillernden Pailletten, die im Licht aufblitzen. Auch sie leben alle friedlich miteinander. Über dem Ganzen liegt ein warmer, grüngoldener Schimmer, weil die Sonne noch durch das Wasser dringen kann. Es ist kein Meeresbild, wie Du angenommen hast, vielmehr der Grund eines Süßwassersees."

Auf diesem Bild ist eine Harfe in die Felsspalte auf dem Boden des Sees gefallen. Bei ihrem Sturz hat sie ein Netz zerrissen und dadurch einen ganzen Schwarm Fische befreit. Die schwimmen nun fröhlich zwischen den Saiten hin und her und spielen das Harfenkonzert, dessen Akkorde und Melodien menschlichen Ohren nicht vernehmbar sind. Ly schrieb mir, daß ihr dabei das Mozartsche Harfenkonzert vorgeschwebt habe, bei dem manche Stellen auf sie so wirkten, als klängen sie durch Wasser hindurch. Jedenfalls gehören sie der Welt des Wassers an wie die musizierenden Fische, die sie hervorbringen und sicher ist auch das ein Lied der Brüderlichkeit.

Ein neuer Teppich mit dem Titel „Der große Krake" macht ihr seit langem Kopfzerbrechen. Vor mehr als einem Jahr schrieb sie mir schon davon, aber das Werk hat noch keine konkrete Form angenommen. Ich lasse sie wieder selbst sprechen, da ich das alles nicht entfernt so lebendig schildern könnte wie sie. Sie schreibt:

„Ach, Zeit müßte man haben, Zeit, Zeit, um alles noch zu machen, was einem so durch den Kopf geht und man weiß nicht, wo zuerst anfangen. Diesmal soll es wirklich ein großes Bild vom tiefen Meeresgrund werden, das mir schon lange klar vor Augen steht, vor dem ich mich aber ein wenig fürchte. Denn in der Bildmitte sitzt in seiner dunklen Höhle der Große Krake mit seinen gräßlichen Fangarmen .... das Böse – der Tod. Vor der Höhle spielen die ahnungslosen Fische, schöne Korallen wachsen und Seeanemonen lassen ihre durchsichtigen Schleier wehen wie Tänzerinnen. Aber darf man das „dunkle Prinzip“ denn darstellen, wenn es auch ein wichtiger Bestandteil der Welt – des Ganzen – ist? Falls der Teppich unabweisbar wird, werde ich in den Felsen über der Höhle des Kraken die bannenden Zeichen der Geometrie, der Alchimie und des Universums einmeißeln als heilendes Gegengewicht.“

Nun, wieder mehr als ein Jahr später, schreibt sie über dieses Krakenbild, das sie nicht losläßt, es sei ganz anders als das „Harfenkonzert“, in dem schillernde Phantasiefischlein umherschwimmen. „Hier ist es wirklich die Meerestiefe. Ich muß versuchen, die schönen, oft bizarren Formen der Natur getreu darzustellen, in Wolle, Brokat, Seide und Nylon übersetzt. Die Fische, die wehenden Seeanemonen mit ihren todbringenden Fanghaaren, die großen Krebse und Hummern führen nur in dem Augenblick, in dem ich sie auf den Teppich gebannt habe, ein friedliches Leben. Im nächsten Augenblick wird vielleicht schon der schöne, samtschwarze Fisch mit den gelben Streifen von den Fangarmen des Kraken umstrickt; der rote Räuber Murdjan mit seinen Teleskopaugen wird sich das arglose Seepferdchen holen und die rosige Seeanemone wird das azurblaue Fischlein in ihre tödliche Umklammerung gezogen haben. Wir wissen ja, daß in der matten, graublauen Dämmerung oder

der fast völligen Finsternis der Tiefsee ein unbarmherziger Kampf aller gegen alle herrscht. Nur der Scheinwerferstrahl des Tauchers macht die unbeschreibliche, überwältigende Fülle der Farben und Formen dieser Unterwelt vorübergehend sichtbar.

Was für Teppiche werden wohl für die beiden Töchter entstehen? Veronika lebt mit Mann und Kindern in Kalifornien, im Raum des pazifischen Ozeans und der jahrtausende alten Sequoien. Christa arbeitet in dem Telefonamt der großen Stadt Frankfurt. Es ist nicht das, was sie sich als junges Mädchen erträumt hat und worauf ihre Begabung hinzuweisen schien. Aber als Lys Tochter, die von allen ihren Kindern am häufigsten zur Mutter zurückkehrt, um ihr Gesellschaft zu leisten und an den Wochenenden die schweren Hausarbeiten für sie zu verrichten, wird wohl auch sie Märchen erleben, wenn sie beim Nachtdienst die Drähte in vielen Sprachen summen und singen, drohen und schmeicheln hört – Stimmen aus aller Welt, die sie miteinander verbinden muß, auf daß sich Wort zu Wort findet. Ich könnte mir denken, daß die Mutter ihr einen Zauberteppich sticken wird, der sie zu den Erfüllungen trägt, die ihr im Leben versagt blieben.

Nun war der Älteste der amerikanischen Enkel einen Sommer lang in Deutschland zu Besuch, nachdem er die Oberschule absolviert hatte. Davon erzählte uns Ly im Haus der Geschwister in Frankfurt. Es ist leicht einzusehen, daß diesen Achtzehnjährigen das Taunusstädtchen mit dem stillen Haus der Großmutter und ihre liebevolle, alles verstehende Art wie ein Magnet anzog. Auch sie selbst fühlte die starke Anziehung dieses noch ganz ungeformten Nachkommen, in den sich ihre Phantasie jegliche Möglichkeit der Entwicklung hineindenken konnte. Sie hatten endlose Gespräche über Probleme der Gegenwart und Zukunft miteinander, oft bis tief in die Nacht hinein. Keiner von ihnen konnte genug bekommen von diesem Kennenlernen des anderen. An Lys heiterer Gelassenheit beruhigte sich der gärende, rebellische junge Geist wieder und wieder, nur um wieder und wieder in Auflehnung gegen die Welt der Erwachsenen zurückzufallen, die alles so verkehrt gemacht hatten. Welch eine Erleichterung für ihn, all seine Fragen, Zweifel und Proteste hemmungslos heraussprudeln zu dürfen, ohne je mit der bequemen Ausrede abgetan zu werden: das verstehst du eben nicht.

Dieser junge Mann ist intelligent, aber er hat noch keine Ahnung, wo es mit seiner vielseitigen Begabung hinauswill. (In einem Brief von vorigem Frühjahr schrieb mir Ly: „Chris arbeitet wie ein Berserker an einer großen Holzplastik nach der anderen mit den Schnitzeisen und Meißeln, von denen ich ihm bei seinem Besuch einen ganzen Satz geschenkt habe.") Was es auch sein wird, die Großmutter glaubt an seine Fähigkeiten mit der ganzen Inbrunst ihres Herzens. Das seltene, das ganz große Glückserlebnis für diesen jungen Menschen besteht darin, daß ihm hier ein alter Mensch gegenüber sitzt, der selbst noch nicht mit allem fertig ist, der immer noch sucht und versucht und darum nichts von der Überheblichkeit vieler Erwachsener dem chaotischen Zustand der Jugend gegenüber hat. Wartet denn nicht auf ihn und sie gleicherweise der Große Krake in seiner dunklen Höhle darauf, ob sie ihn werden gestalten und – vielleicht – erlösen können? Unter den Fragen, die Ly sich bei diesem Besuch gestellt hat, steht im Vordergrund die, ob sich bei dem Enkel die künstlerische Begabung seiner mütterlichen Großeltern durchsetzen wird oder die mathematisch-logische des väterlichen Großvaters, der ein prominenter Wirtschaftswissenschaftler ist; oder was sonst aus den unübersehbaren Verknotungen der langen Kette seiner Vorfahren. „Du mußt halt lange genug leben, um zu sehen, ob etwas aus mir wird", sagte er, als wäre es eine Kleinigkeit für die Großmutter, das ganz nach seinen Wünschen einzurichten.

Der Großvater, reichlicher mit irdischen Gütern gesegnet als Ly, hat dem Enkel Geld zum Reisen geschenkt. Zuerst fährt er ein wenig in Deutschland umher, an den Rhein, in die Eifel, nach Maria Laach. Dann kommt das große Geschenk einer Reise nach Venedig. Auf dem Weg dorthin kehrt er noch einmal bei der Großmutter ein und läßt bei der Gelegenheit seine Jacke mit Paß, Visum und sonstigen Papieren auf dem Bahnhof des Städtchens liegen. Das Geld hatte er glücklicherweise in die Hosentasche gesteckt. Da die Bahnbeamten natürlich seine Großmutter kannten, übergaben sie ihr Jacke und Dokumente, und alles erreichte ihn noch rechtzeitig in München oder Salzburg, ich weiß nicht mehr wo. Er hatte vom Großvater genügend Geld bekommen, um in Venedig Hotel und Verpflegung zu bezahlen. Aber dann traf er gleich am ersten Tag auf dem Markusplatz eine bunt zusammengewürfelte Schar von Gammlern aus ganz Europa. Das waren Reisegefährten nach seinem Herzen, und anscheinend auch er nach dem ihren, denn er wurde ohne Umstände in ihren Kreis aufgenommen und verlebte eine „wunderbare Woche“ mit ihnen am Strand der Adria, verliebt in Meer und Himmel und Wolken, und vielleicht auch in ein Mädchen, aber darüber verlautete nichts. Die freundlichen Italiener stifteten ihnen manchmal eine große Schüssel Spaghetti mit Tomatensauce; manchmal machten die Gammler auch Musik am Strand oder in einer Osteria und verdienten sich damit ein paar

Lire, und oft suchten sie sich Muscheln und kochten sie in leeren Konservenbüchsen über offenem Feuer. Von diesen Freunden war Chris begeistert. Das waren „richtige“ Menschen, erzählte er später der Großmutter, fröhlich, hilfsbereit, anspruchslos, grundanständig und dabei so herrlich frei von all den albernen Konventionen der Erwachsenenwelt.

Was gab es alles zu berichten, als er zurückkam! Ly arbeitete damals an einem Teppich, der ihr nicht gelingen wollte. „Er scheint mir mißglückt“, schrieb sie mir. „Oft bin ich ganz mutlos.“ (Als ob ich diesen Zustand nicht kennte!) „Fast jede Nacht trenne ich wieder auf, was ich am Tag gemacht habe, und oft mehr als einmal. Und dabei das viele Einfädeln mit meinen alten Augen! Einmal hoffe ich doch damit zu Ende zu kommen. Daß der Chris wieder bei mir ist und mir von den Herrlichkeiten Venedigs erzählt, die ich nie gesehen habe, macht das ewige Auftrennen weniger bedrückend.“

Das waren nun die letzten Tage des Zusammenseins vor seinem Rückflug nach Kalifornien. Und immer wieder tauchte dabei das auf, was den Jungen so stark zu beschäftigen schien: „Ich werde was, Großmutter, ich weiß nur noch nicht, was. Versprich mir, daß du noch da bist, wenn ich wiederkomme und dir sagen kann, daß ich es geschafft habe. Es kann zehn Jahre dauern, vielleicht auch zwanzig. Solange mußt du halt warten. In zwanzig Jahren bist du zweiundneunzig, so alt werden doch viele Leute jetzt. Versprich es mir!"

„Jaja", sagt die Ly, ein wenig erschrocken, aber doch auch beglückt über den stürmischen Wunsch, der fast wie ein Befehl klingt. Indessen galoppiert er schon weiter. „Denk immer daran, vergiß es ja nicht! Es ist unbedingt, unbedingt nötig, daß du daran glaubst und wartest. Nur ein bißchen Geduld brauchst du, und ich brauche Zeit. Ja . . . zwanzig Jahre wären besser als zehn."

Noch zwanzig Jahre leben, denkt die Ly, und es schwindelt ihr ein wenig. Freilich hat sie ja auch selbst schon gesagt, daß sie noch Zeit braucht, viel Zeit sogar. Aber ihr Herz ist nicht mehr so tüchtig wie einst, und sie wird leichter müde als noch vor zehn, vor fünf Jahren. Immerhin, sie traut sich schon noch etwas zu, zehn Jahre allenfalls für die Kinder und Enkel, für die Freunde, die Teppiche der Töchter . . . und für den Großen Kraken. Aber zwanzig Jahre! Mein Gott, welch ein Ansinnen, solange zu warten, bis dieser sprudelnde, schäumende Most sich geklärt hat und der rebellische Junge ein Mann geworden ist. Aber auch welch ein atemberaubendes Glück, daß er sie braucht, daß er sich wünscht, sie möge noch da sein und sich mit ihm freuen, wenn er einst zurückkommt und ihr sagen kann, daß er seinen Weg gefunden hat.

VI

KENNEN SIE GOLDHAMSTER?

David und Norman, die beiden großen Enkel, scheuen keine Mühe, um die Lücken in der Bildung der Großmutter auszufüllen. David ist vierzehn Jahre, und Norman wird bald zwölf. Jedesmal, wenn ich Gelegenheit zu einem ruhigen Gespräch mit einem von ihnen hatte, hat sich mir wieder eine Tür in die aufregende Welt der modernen Forschung geöffnet – vielleicht nur einen Spalt, aber das liegt nicht an der Tür und nicht an den Enkeln, sondern an mir. Was habe ich allein schon auf dem Gebiet der Astronomie von Norman gelernt und erfahren! Er ist seit fast zwei Jahren fest entschlossen, Astronom zu werden, und wenn er seinen Doktor hat, möchte er später dieses Fach auf einer Universität lehren. Sein Talent, auch ein kompliziertes Problem klar und logisch darzustellen, läßt mich hoffen, daß er einmal ein guter Lehrer werden könnte. Neulich entging ich um Haaresbreite der Gefahr, die Relativitätstheorie erklärt zu bekommen. Wir hatten im Fernsehen einen Film à la Jules Verne zusammen gesehen, von dem ich manches nicht verstanden hatte. „Das kommt, weil du die Relativitätstheorie nicht verstehst, Oma“, sagte Norman. „Ich werde sie dir mal erklären. Natürlich nur das Allgemeine, den mathematischen Hintergrund verstehe ich selbst noch nicht. Erinnere mich morgen dran.“ Am nächsten Tag gab es soviel anderes, daß er nicht mehr darauf zurückkam, und ich hütete mich, ihn zu erinnern. Bildung hin und Bildung her, ich habe nicht vor, mich auf meine alten Tage mit der Relativitätstheorie zu plagen.

Beide Buben spielen noch immer gern Theater, wenn sich eine Gelegenheit dazu bietet. Norman spielte neulich eine der „Starrollen“ in einem modernen Stück. Seit einiger Zeit nimmt er auch Gesangstunden. David ist Mitglied des dramatischen Clubs in seiner Schule und spielt Geige im Schulorchester. Sein Hauptinteresse ist Mathematik; das wird wohl auch das Fach werden, das er studieren will. Norman ist viel mitteilsamer als sein Bruder, ausgesprochen extrovertiert, ohne Hemmungen; David das Gegenteil. Es ist nicht leicht, ihn zum Sprechen zu bewegen; selbst als er neulich irgendeine besondere Ehrung in der Schule bekam, erzählte er es zuhause nicht. Die Eltern erfuhren es erst durch einen Brief des Direktors. Was seine Mathematik betrifft, so würde er dafür bei mir nicht viel Gegenliebe finden. Anders ist es schon mit Geschichte, die einmal auch mein liebstes Fach in der Schule war. Aber wenn er mit mir darüber oder sonst über etwas spricht, dann muß es schon einen besonderen Grund haben. So fragte er mich einmal über den Abschnitt der neueren deutschen Geschichte, die ich miterlebt habe. Einiges darüber weiß er auch schon aus meinen Jugendbüchern. Bei Gesprächen über das klassische Altertum kann ich noch mit ihm Schritt halten, und als er neulich einen Aufsatz über Mexiko schreiben mußte, war ich imstande, ihm die gewünschte Auskunft zu geben. Er schlug vor, da ich doch gesagt hätte, ich wollte gern einen längeren Besuch in Mexiko machen, ihn dann als Dolmetscher mitzunehmen. Er hatte vier Jahre Spanisch in der Schule und behauptet, er könne sich einigermaßen verständlich machen. Beide Buben wünschen sich die Gelegenheit, ihre Sprachkenntnisse an Ort und Stelle zu üben, und außerdem interessieren sie sich brennend für die alten Kulturen der Maya und der Azteken. Bei alledem freue ich mich immer über die Gründlichkeit und die Konzentration, mit der beide ihre jeweiligen Aufgaben anfassen.

Alan, der Jüngste, ist nun auch schon sechs Jahre und kann es kaum abwarten, im September in die richtige Schule zu kommen. Er geht zwar auch gern in den Kindergarten, die obligatorische Vorschule hier, und ist immer unglücklich, wenn er mal einen Tag versäumen muß. Die Lehrerin hatte nie eine Klage über ihn. Im täglichen Leben ist er immer noch etwas schwierig, ein kleiner Rowdy und ein großer Lausbub, der oft die Brüder zur Verzweiflung bringt.

Vor einiger Zeit hatte ich Gelegenheit, auch auf dem Gebiet der Zoologie etwas Neues von den Enkeln zu lernen.

Kennen Sie Goldhamster, liebe Mit-Großmütter? Ich hätte nie gedacht, daß diese hübschen Tierchen einmal eine Rolle in meinem Leben spielen würden. Aber anscheinend gibt es keine Grenzen für das, was einer Großmutter auf dem Gebiet der Abenteuer zustoßen kann. Besonders wenn es eine ist, die sich schon immer und auch jetzt im Alter noch leicht verführen läßt, sich auf ein neues Wagnis einzulassen.

David hatte sich zu Weihnachten 66 einen Hamster gewünscht, weil das das einzige Haustier war, zu dem er seinen Vater überreden zu können hoffte. Seine Hoffnung erfüllte sich. Damit begann nicht nur für David und seine Brüder, sondern auch für mich eine Zeit vielfacher Erfahrungen für Verstand und Herz.

Der neue Hausgenosse hat etwa die Größe einer Ratte und gehört wie diese der Familie der Nager an. Aber sein Pelz ist nicht grau, sondern goldfarben. Es gibt allerdings auch weiße und gescheckte Goldhamster, aber David hatte sich für einen goldenen entschieden. Das Tierchen hat einen komischen kleinen Stummelschwanz, den es als Stütze benutzt, wenn es aufrecht auf den Hinterbeinen steht; nicht also den von den meisten Menschen als abstoßend empfundenen langen, nackten Schwanz der Ratten und Mäuse. „Hamster", wie David ihn kurzweg nannte, war in jeder Weise ein bestechendes kleines Tier, munter und anmutig, sanft und immer bereit, seinem Herrn Gesellschaft zu leisten, entweder in seiner warmen Hand behaglich zusammengerollt oder auf dem Tisch im Bubenzimmer die fremde Welt der Schulbücher und Hefte erforschend. Tagsüber, wenn die Buben in der Schule sind, schläft er meist friedlich in seinem Nest, das sich sowohl die männlichen wie die weiblichen Exemplare der Gattung ordentlich in einer Ecke ihres Käfigs einrichten. Man braucht ihnen nur Futter hinzustreuen, dann kommen sie hervor, strecken sich, öffnen den Rachen zu einem für ihre Größe ungeheuren Gähnen und sammeln eifrig alles Eßbare in ihre Backentaschen. Dabei wird deutlich, was das von den Menschen übernommene Wort hamstern bedeutet, nämlich auch im Zustand gänzlicher Sättigung jegliches Futter zu sammeln, in die praktischen Taschen zu stopfen und dann an einem bestimmten Platz ihres Käfigs, wie in der Freiheit in ihrem

Bau, aufzustapeln. Die Backentaschen schwellen dabei zu grotesker Dicke an, sie scheinen fast unbegrenzt dehnbar zu sein. Ihr Inhalt wird in der Vorratskammer entleert, und das Sammeln beginnt von neuem. Nicht nur Nahrung, sondern auch das Material für's Nest, sei es Heu, zartes Seidenpapier oder in der Tierhandlung gekaufte Streu, wird mit der Backentasche ins Nest befördert und dort systematisch verteilt. Genauso ordentlich wird auch das Endresultat des für ein so kleines Tierchen erstaunlichen Nahrungskonsums sauber an einem bestimmten Ort, möglichst weit vom Nest und der Speisekammer entfernt, deponiert.

Wir alle waren sofort gefangen von dem Charme des Hamsterchens, das mit seinen dunklen Knopfäuglein so lustig und unternehmend um sich schaute, sich so gern aus dem Käfig nehmen, streicheln und liebhaben ließ. Es schien menschliche Gesellschaft zu genießen. Da Hamster Nachttiere sind, werden sie mit zunehmender Dunkelheit immer lebhafter. Davids kleiner Freund lief oft halbe Nächte lang in seinem Schaukelrädchen spazieren. Dieses Rädchen macht ein leises, man kann fast sagen melodisch quietschendes Geräusch, was aber die Buben nicht am Einschlafen hindert. Ganz im Gegenteil, behaupten sie, sie könnten sich gar nicht vorstellen, daß sie früher *ohne* dieses beruhigende Quietschen einschlafen konnten.

Auch Alan, das Baby der Familie, war vom ersten Tage an von dem Hamster wie verzaubert. Seine Mutter mußte David fest versprechen, wie ein Polizist aufzupassen, daß sich der Kleine nicht an dem Käfig zu schaffen machte, wenn die Brüder in der Schule waren. Natürlich wünschte sich Alan einen Hamster „ganz für sich allein". Er hatte vor kurzem einen Verlust erlitten, als die große Schildkröte Gertrud, von ihm „Göhrtrödd" genannt, aus dem Garten verschwunden war und nicht wieder aufgefunden wurde. Vier Jahre lang hatte sie mit der Familie gelebt, sich im Winter in einem Erdloch unter welkem Laub verkrochen, um im Frühling wieder aufzutauchen. Als Alan groß genug war, um sich allein im Garten zu beschäftigen, hatte er sie jeden Morgen mit den abgefallenen Trompetenblüten der Bignonie gefüttert, die sie besonders schätzte. Man kann nicht sagen, daß Göhrtrödd ein unterhaltender Spielkamerad war, aber sie fehlte Alan doch, und ein Hamster war genau das, was er sich als Ersatz wünschte. Das wurde abgelehnt mit der Begründung, die er so oft zu hören bekam, daß er noch zu klein sei, um ein Tier regelmäßig zu füttern und seinen Käfig sauberzuhalten.

Bei Norman sah die Sache anders aus, er war damals schon fast zehn Jahre. Aber auch seinen Wünschen gegenüber waren die Eltern, wenigstens einstweilen, zurückhaltend.

Zunächst war alles eitel Glück mit David und Hamster, an dem sich auch die Brüder mitfreuen konnten. Aber eines Abends, als der Vater zu einer Konferenz verreist war und die Mutter friedlich lesend im Wohnzimmer saß, erschien plötzlich ein leichenblasser David bei ihr, unfähig, ein Wort hervorzubringen vor unterdrücktem Schluchzen. „Ist etwas mit Norman?" fragte die Mutter, zu Tode erschrocken über den so verstörten Ältesten. – „Viel schlimmer!" murmelte David. – „Aber so rede doch, Junge!" – „Hamster!" brachte David endlich mühsam hervor. „Hamster stirbt." Er hatte das Rädchen nicht mehr gehört und war davon aufgewacht, wie der Müller aufwacht, wenn seine Mühle stillesteht. Er war aufgestanden und hatte Hamster auf dem Boden seines Käfigs liegend gefunden, unbeweglich und alle viere von sich streckend.

„Komm, zeig mir, was da los ist", sagte die Mutter, nahm den nun fassungslos schluchzenden Jungen an der Hand und ging mit ihm zum Käfig. Das Tierchen lag wirklich wie leblos da, aber als es David sanft mit dem Finger anstieß, zuckte es. „Es lebt noch", rief er, „es ist noch ganz warm. Zum Tierarzt, Mam, schnell, schnell!"

Die Mutter packte geschwind Sohn und Hamsterkäfig in den Wagen, rief eine Nachbarin an, sie möge ein Auge und Ohr auf das Haus und die beiden fest schlafenden Brüder haben, und dann ging es durch das nächtlich stille Städtchen zum Tierarzt. Der hatte glücklicherweise Praxis und Wohnung im gleichen Haus, und in der oberen Etage war noch Licht. Er kam selbst herunter, um die Tür zu öffnen, nahm David den Käfig ab und trug ihn in seinen Behandlungsraum. Dort hob er den Hamster heraus, setzte sein Hörrohr an, befühlte den Patienten und sagte dann: „Tut mir leid, mein Junge. Er ist schon tot. Da kann ich nichts mehr machen." – „Aber wenn ich ihn so mit dem Finger stoße", beharrte David, „dann rührt er sich doch. Sehen Sie nur!" Der Tierarzt schüttelte den Kopf. „Was würden Sie denn tun, wenn es *Ihr* Hamster wäre?" fragte David verzweifelt. – „Ich glaube, ich wäre verrückt genug, um es noch mit einer Spritze zu versuchen", antwortete der Arzt. David sah seine Mutter flehend an. „Ich will alles bezahlen, alles, Mam. Bitte, Mam. Oh, bitte!"

Der Arzt machte eine Spritze zurecht, führte die Nadel ein, ließ langsam die Flüssigkeit einlaufen. David biß sich die Lippen blutig, gab aber keinen Ton von sich. Die Mutter zählte die Sekunden. Als sie bis vierzig gezählt hatte, fing das Tier plötzlich an, sich zu bewegen. Es reckte sich, wie immer, wenn es aus dem Schlaf erwachte, hob den Kopf und öffnete die Augen. „Er lebt! Sehen Sie,

Herr Doktor, er lebt!" – „Es ist möglich, daß er ausgetrocknet war", sagte der Arzt. „Hamster brauchen sehr viel Flüssigkeit."

Ja, gestern war das Trinkgefäß zerbrochen; David hatte ein Schälchen mit Wasser hingestellt, aber offenbar hatte Hamster keinen Gebrauch davon gemacht.

Die Mutter ließ sich die Rechnung geben und schrieb einen Scheck. Sie hat nie einer lebenden Seele verraten, was sie für diesen Nachtbesuch, noch dazu einen Sonntagnachtbesuch, bezahlte. Aber sie brachte es nicht übers Herz, aus Davids Ersparnissen einen Zuschuß anzunehmen. Er hatte schon genug gelitten.

Als er am nächsten Tag das Ereignis mit Norman besprach, der die ganze Aufregung verschlafen hatte, meinte der, es sei ein klarer Wink, daß man einen zweiten Hamster haben müsse, und zwar ein Weibchen, damit wenigstens für Nachkommenschaft gesorgt sei, wenn wirklich einmal ein Unglück passierte. Sie wußten ja ohnehin, daß Goldhamster keine lange Lebensdauer haben. Aber von diesem Plan wollte die Mutter durchaus nichts wissen. Eine Hamsterzucht in dem chaotischen Zimmer der Buben, zwischen elektrischen Drähten über den ganzen Boden, Stahlkonstruktionen, einer Eisenbahn und chemischen Retorten – das hätte ihr noch gefehlt, sagte sie.

Am Abend besprachen die Buben ihr Projekt noch einmal unter vier Augen. Sie sind jetzt gute Freunde und tun fast alles gemeinsam. Sehr anders, wie vor zwei Jahren noch, als sie so wilde Kämpfe miteinander hatten, daß man fürchten mußte, sie könnten sich einmal ernstlich dabei verletzen. Das Ergebnis dieses Gespräches war ein abendlicher Telefonanruf bei der Großmutter: „Du mußt dir ein Hamsterweibchen anschaffen, Oma!" tönte es mir aus zwei Telefonen entgegen, was die Verständigung erschwerte. „Ein was?" fragte ich. – „Ein Hamsterweibchen." – „Aber Kinder, ihr wißt doch, daß ich arbeiten muß und keine Zeit für ein Tier habe." – „Och, Zeit brauchst du doch nicht dafür. Hamster machen überhaupt keine Arbeit. Und wir müssen unbedingt Nachkommenschaft von Hamster züchten. Wir bringen ihn dir dann zum Decken hinüber. Du wirst soviel Spaß haben an einem Nest voller süßer junger Hamsterchen, paß nur auf." Ich kam gar nicht mehr zu Wort. – „Nämlich weil du doch Tiere so gern hast und früher einen ganzen Zwinger voller Hunde hattest und Katzen und sonst noch Tiere." Das war die zweite Stimme. Und nun wieder die erste: „Ziegen und Schafe, die auch Junge bei dir bekamen. *Das* war natürlich viel Arbeit. Aber ein Hamster, so ein winziges Tierchen macht wirklich keine Mühe. Es wäre so eine nette Abwechslung für dich, wo du doch soviel allein bist."

Daß es eine Abwechslung wurde, kann ich nicht leugnen. Vor allem wurde es eine ausgesprochene Abwechslung gegen die sonst ziemlich strenge Routine meines Arbeitstages. Aber was kann man machen, wenn die Enkel finden, man sei die einzig richtige Person für diese ehrenvolle Aufgabe! Schon zwei Tage später ging ich in die Tierhandlung und erwarb eine bezaubernde kleine Hamsterin, noch tiefer golden als Davids Männchen, erwarb sie samt Käfig, Trinkgefäß, Rädchen, Futter und Streu, und es kostete mich alles in allem nicht mehr als 6 Dollar 45 Cents. Das war allenfalls zu erschwingen. Wenn ich die Ferngespräche mit Oxnard dazurechne, die in Sachen Hamster geführt wurden, dann sieht die Bilanz schon etwas anders aus. Aber wozu kleinlich rechnen, wenn es sich um meinen guten Ruf als Großmutter handelte.

Ich brachte also meine Neuerwerbung heim, stellte den Käfig an eins meiner Küchenfenster und beobachtete Goldi, wie ich die hübsche Kleine genannt hatte, die sich sofort eifrig daranmachte, ihren Haushalt einzurichten. Zwischendurch nahm sie freundlich Sonnenblumenkerne und frische Salatblätter aus meiner Hand, hielt alles zierlich zwischen den Vorderpfötchen, während sie daran knabberte, trank auch etwas aus ihrem am Käfiggitter aufgehängten Wassergefäß und legte sich dann für den Rest des Tages schlafen.

Als ich mein Abendbrot richtete, war Goldi zu ihrem nächtlichen Leben erwacht. Sie benutzte ihr Rädchen, sammelte die Körner, die ich ihr in den Käfig geworfen hatte, in die Backentaschen, brachte sie in die bereits ordentlich eingerichtete Vorratskammer, stellte sich dann aufrecht am Gitter auf und schnupperte begierig nach den Mandelstückchen, die ich ihr hinhielt. Das alles machte einen so freundlichen Eindruck, daß ich mir einbildete, sie habe bereits eine Zuneigung zu mir gefaßt. Ich streckte die Hand in den Käfig, um sie herauszunehmen und mich noch näher mit ihr bekannt zu machen. Das war ein Fehler. Vier nadelscharfe Schneidezähne fuhren blitzschnell in meine Fingerspitzen. Blut tropfte auf den Tisch, auf den Küchenboden und mein frisch gewaschenes Kleid. Ich änderte Goldis Namen in Nasty (Ekel), der schnöden Behandlung wegen. Am Abend rief ich die Enkel an, die mich darüber aufklärten, daß Hamsterweibchen nie ganz so zutraulich werden wie Männchen. David hatte ein Büchlein, dem sie all diese Weisheit entnahmen, das wollten sie mir dann mitbringen. Die Weibchen, sagten sie, hätten eben den tief eingewurzelten Instinkt, ihr Nest verteidigen zu müssen. Tatsächlich stellte ich am nächsten Tag fest, daß Nasty weniger angriffslustig war, wenn ich sie abends für eine Stunde aus dem Käfig in eine bereitstehende große Kiste ließ.

Die Osterferien nahten heran, und es war Zeit, daß die Familie zur Hamsterhochzeit herüberkam, damit das freudige Ereignis während Davids Osterferien stattfinden konnte. Nachdem das in zwei Ferngesprächen eingehend erörtert worden war, erschien die Familie eines Sonntags vollzählig bei mir, einschließlich Hamster in seinem Käfig.

Nun gab es wieder etwas für mich zu lernen. Hamsterdamen nämlich sind nur an jedem vierten Tag bereit, die Bewerbung des Männchens anzunehmen. An den drei übrigen Tagen lassen sie sich auf nichts ein, sondern reagieren auf jede Annäherung mit wütendem Beißen. Da es keine Anzeichen für den richtigen Tag gibt, mußten wir es also auf einen Versuch ankommen lassen. Nasty wurde dazu in den Käfig des Bräutigams befördert. Hätte man ihn in *ihre* Behausung gelassen, dann wäre von vornherein keine Aussicht auf Anbahnung zärtlicher Beziehungen gewesen. Mit dicken Lederhandschuhen an den Händen ergriff ich also das goldene Tierchen, setzte es geschwind in Hamsters Käfig und die ganze Familie umstand das Brautgemach, gespannt, was sich ereignen würde.

Es ereignete sich nichts, wenigstens nichts, was unserer Absicht entsprach. Die beiden Brautleute spielten zwar eine Minute lang miteinander, es sah aus, als mache Nasty dem Bräutigam Avancen, aber sobald er zur Sache kommen wollte, wehrte sie sich mit Krallen und Zähnen und schon wälzte sich ein Knäuel von goldenen Hamsterfellchen auf dem Käfigboden. Nach Liebe sah das nicht aus. Nasty mußte schleunigst entfernt werden. Nachdem sich Hamster von dem Schreck erholt hatte, versuchten wir es noch einmal. David war in schrecklicher Sorge, daß seinem Liebling etwas zustoßen könne und beschwor mich, notfalls schnell einzugreifen. Es sah tatsächlich so aus, als wäre Nasty drauf und dran, ihre spitzen Zähne in die Kehle des Bewerbers zu bohren, der eher bekümmert-erstaunt als eroberungslustig aussah. Meine behandschuhte Hand entfernte also zum zweitenmal die renitente Braut. Wieder in ihrer eigenen Behausung angekommen, putzte sich Nasty lang und gründlich, augenscheinlich geärgert von der Witterung des unerwünschten Verehrers.

David und Norman, gewohnt, natürliche Angelegenheiten mit sachlichem Ernst zu behandeln, berieten, was nun geschehen solle. Das Vernünftigste, meinten sie, sei, Nasty samt Käfig mit nach Oxnard zu nehmen und dort jeden Abend einen neuen Versuch zu machen. Einmal müsse man doch den richtigen Tag erwischen.

Die geduldigen Eltern zogen also mit einem Auto voller Buben ab, von denen zwei je einen Hamsterkäfig auf den Knien hielten und den Vater bei jeder Kurve zu vorsichtigem Fahren ermahnten, damit die Tierchen nicht umhergeschleudert wurden. Am nächsten Tag hörte ich nichts. Erst am übernächsten Abend rief David an und berichtete, soeben habe die Hochzeit stattgefunden. Ich gratulierte. Da die Trächtigkeit bei Hamstern sechzehn Tage beträgt, war mit der Geburt der Jungen am Mittwoch der Osterwoche zu rechnen.

Am Abend des letzten Schultages, einem Freitag, erschien wiederum die gesamte Familie zum Abendessen mit den zwei Hamsterkäfigen und Davids Koffer bei mir. Obwohl Hamsters Anwesenheit nicht mehr nötig war, wollte sich David doch nicht eine ganze Woche von ihm trennen. Hamsters Käfig kam auf den abwaschbaren Spieltisch im Jungenszimmer, wo David ihn von seinem Bett aus sehen konnte und wie zu Hause vom Quietschen des Rädchens in Schlaf gewiegt wurde. Die Familie war wieder heimgefahren, nachdem ich Norman noch versprochen hatte, daß er sich einen der jungen Hamster aussuchen dürfe, wenn sie soweit waren, daß sie ohne Mutter auskommen konnten. Nasty und ihre übrigen Kinder sollten dem zuverlässigen Tierhändler im benachbarten

Ventura übergeben werden, der schon versprochen hatte, sie nur an Familien mit tadellosem Leumund abzugeben. Das erinnerte mich lebhaft an einen Ausspruch von Ben zur Zeit meines Hundezwingers. „Wenn du einen Junghund verkaufst", sagte er damals, „dann ist das so, wie wenn andere Leute eine Tochter verheiraten."

Am ersten Abend standen David und ich noch lange an Nastys Käfig und schauten amüsiert zu, wie sie ihr unterwegs etwas durcheinandergerütteltes Nest wieder in Ordnung brachte. Sie war eine pedantische kleine Hausfrau. Dann erst nahm sie gnädig Futter aus meiner Hand, schien aber gegen jede Berührung noch ablehnender als zuvor. Das mußte man ihrem Zustand zugute halten.

David berichtete mir dabei über den Vorgang der Vermählung. „Es war halt der richtige Tag", sagte er. „Nasty benahm sich sofort anders als an den vorherigen Tagen. Sie biß nicht nach Hamster, sondern war ganz freundlich, ließ sich von ihm beschnuppern und beschnupperte ihn und plötzlich drehte sie ihm ihre Rückseite zu und stand stockstill, bis er sie gedeckt hatte."

Eine präzisere Erklärung konnte man sich nicht denken. Es war nichts von Sensation dabei, es wurde einfach mit naturwissenschaftlicher Genauigkeit geschildert. Norman hätte es genau so erzählt und wahrscheinlich auch der Jüngste kaum anders. Von frühauf hat meine Tochter den Kindern auf alle Fragen nach der Fortpflanzung von Mensch und Tier klar und wahrheitsgemäß geantwortet, soweit es ihren Fragen entsprach. Nicht weniger, aber auch nicht mehr. Der ganze Komplex war von vornherein jeder Heimlichkeit entkleidet und bedeutete nichts wesentlich anderes, als die Befruchtung einer Blüte durch ein Insekt.

Nasty benutzte nun ihr Rädchen weniger als vorher und bald gar nicht mehr. Sie schlief mehr als früher, fraß mehr, und wenn sie wach war, beschäftigte sie sich mit der Verbesserung des Nestes. Ich hatte ihr ein paar zarte Papierserviettchen in schmale Streifen gerissen, mit denen sie sich immer wieder die Backentaschen so vollstopfte, daß sie unförmig anschwollen und weit dicker wirkten, als ihr Leibesumfang, an dem wir kaum eine Änderung gegen früher bemerken konnten. Jedesmal wenn sie die langen Papiergewinde ausgespuckt und über dem Nest ausgebreitet hatte, blieb sie eine Weile leise schnaufend auf der sauberen Streu liegen. Dann ging sie wieder auf Nahrungssuche; ihre Vorratskammer konnte den Überfluß kaum noch fassen. Wir gaben ihr neben den gewohnten Körnern in Milch geweichtes Vollkornbrot, frischen Salat und zarte kleine Karotten, die alljährlich von den Vögeln an allen möglichen und unmöglichen Stellen meines Gartens ausgesät wurden. Davon liebte sie besonders das frische junge Grün, das wir noch mit Wasser besprengten.

David war in diesen Tagen gesprächiger als je vorher. Wir hatten ja auch durch Nasty dauernd ein Thema, das uns beiden wichtig war. Wie in anderen Ferien spielten wir aber auch Gesellschaftsspiele miteinander, lasen entweder zusammen oder jeder für sich allein. David nahm ein paar Tennisstunden und wir sahen eine schöne Schülervorstellung von Camelot in unserer benachbarten Oberschule. Es waren friedliche Tage mit schöner Verbundenheit.

Am sechzehnten Tag ging ich in aller Morgenfrühe schnell einmal an Nastys Käfig. Sie lag schlafend auf ihrem ordentlichen Nest, wachte zwar sofort auf mit ihrem außerordentlich feinen Gehör, kam aber nicht ans Gitter, um Futter zu erbetteln, sondern rollte sich zusammen und schien gleich wieder einzuschlafen. Da ging auch ich in mein Bett zurück. Eine Stunde später weckte mich David: „Komm schnell, Oma, Nasty kriegt ihre Kinder. Ein paar sind schon da." Und wahrhaftig, da waren sie, ein Gewimmel von häßlichen, nackten, rosa Würmern, die sich, blind und taub, wie sie waren, schon auf die Milchquellen der Mutter gestürzt hatten, denen man kaum eine Schwellung ansah. Die Milch schien aber genügend zu fließen, denn noch während wir dastanden, fiel ein Säugling nach dem anderen ab wie ein vollgesaugter Blutegel und schlief ein. David zählte, es waren acht Hamsterkinder. Er hatte zugesehen, wie eins nach dem anderen in schneller Folge ans Tageslicht kam, ohne daß die Mutter sich sehr zu plagen schien; wie Nasty die Nabelschnur durchbiß und die Kleinen trockenleckte. Da David meinte, das gehe noch eine Weile so weiter, lief er schnell, mich zu holen. Da standen wir nun, der junge Enkel und die alte Großmutter und wechselten einen Blick reinster Freude über das Ereignis, das wir da miterleben durften. Acht Hamsterkinder! Wo hatte die kleine Mutter sie bloß untergebracht gehabt? Das alles erinnerte mich an die Doggengeburten und an die gemeinsamen Nachtwachen, die Ben und ich da bei unserer Cosi hielten –, vor langer, langer Zeit. Es schien fast, als wäre es in einem anderen Leben gewesen.

Noch am selben Tag mußten natürlich Eltern und Brüder in Oxnard angerufen werden und alles genau mitgeteilt bekommen.

Der Rest der Osterferien, die in den Vereinigten Staaten nur eine Woche dauern, wurde mit der Beobachtung der Hamsterfamilie zugebracht. Jeden Tag einmal brachte David Hamster père an den Käfig, denn schließlich hatte der doch ein Recht darauf, in Augenschein zu nehmen, woran er so maßgebend beteiligt war. Aber die Kinderstube interessierte ihn nicht und vielleicht fürchtete er auch den Zorn Nastys, die sofort kampfbereit ans Gitter kam. Hamster kletterte lieber schnell wieder in Davids Brusttasche zurück, wo er sich sicher fühlte.

Nasty war eine so besorgte, liebevolle Mutter, daß ich geneigt war, sie wieder Goldi zu nennen. Sie fraß und hamsterte eifriger denn je, fütterte geduldig die verfressenen Würmer, für die es in den ersten Lebenstagen nichts als saugen und schlafen gab. Tagsüber, wenn die Sonne zum Fenster hereinschien, wurden sie nur leicht zugedeckt. Nachts, wenn der kalte Nebel aufstieg, häufte Nasty solche Mengen von Papierstückchen über sie, daß man fürchten mußte, sie würden ersticken. Aber offenbar wußte die Mutter genau, was für ihre Brut das Richtige war. Die tägliche Windelwäsche und der Windelwechsel, diese Mühsal menschlicher Mütter, belastete Nasty nicht. Wie hätte sie das auch schaffen sollen bei acht Kindern! Sie übte das allen Säugetieren geläufige Verfahren, die Jungen sauber abzulecken, so oft es nötig war. Dabei wurden sie energisch um und um gedreht. Ihr ärgerliches Quietschen beachtete die Mutter nicht.

Als am Ostersonntag die Oxnarder Familie kam, um David und Hamster wieder abzuholen, wurden erst Ostereier gesucht. David und ich hatten sie in der Nähe von Nastys Käfig bunt gefärbt. Aber selbst das konnte nur vorübergehend von der

Wichtigkeit der Hamsterkinderstube ablenken. Immer wieder mußte auch Alan auf die Fußbank steigen und in das Nest schauen.

Ich blieb nun fast drei Wochen allein mit der jungen Familie. Die Tiere wuchsen so schnell, daß man fast dabeistehen und zuschauen konnte. Und leider tat ich das auch viel öfter, als es meine liegengebliebene Arbeit zuließ. Ich hatte ja den Buben auch versprochen, ihnen alles genau zu schildern. Als die Jungen zwölf Tage alt waren, fing das Fellchen zu sprießen an, nicht bräunlich, wie es im Buche hieß, sondern sofort platinblond. Am sechzehnten Tag öffnete der erste die Augen, natürlich derjenige der Geschwister, der auch als erster, noch blind und taub, aus dem Nest gekrochen war, um die Umgebung zu erforschen. Ich nannte ihn Smarty. Die Mutter packte den Ausreißer im Nacken oder an einem Bein und *warf* ihn geradezu ins Nest zurück, wo er anfing, sich mit den Geschwistern zu balgen und zu beißen. Als alle die Augen geöffnet hatten, gab es kein Halten mehr, wie sehr sich Nasty auch bemühte, die Bande im Nest zu halten. Oft versuchte sie, ein ganzes Kind in ihren Hamstertaschen unterzubringen, wo aber nicht Platz genug war, so daß mindestens zwei Beine oder ein laut protestierender Kopf zu ihrem Maul heraushingen. Smarty, der frühreife Sohn, war es auch, der als erster das Rädchen benutzte, so geschickt wie ein alter, erfahrener Hamster. Nun gab es die Mama auf, ihn immer wieder in die Kinderstube zurückzuschleppen. Er und die Geschwister saugten zwar noch mit unverminderter Gefräßigkeit an ihr, aber sagen ließen sie sich nichts mehr. Bald fingen sie an, vom Futter der Mutter zu naschen, hielten manierlich Sonnenblumenkerne zwischen den winzigen Pfoten und knabberten daran, nahmen auch Futter aus meiner Hand und vertilgten alles, was ihnen vor die Nase kam. Nasty warf selbstlos alles Futter ins Nest über die Kinder hin, ehe sie sich etwas gönnte – Salatstückchen, Karottenscheiben, Körner, Haferflocken, was immer ihr geboten wurde. Bei dieser furiosen Nahrungsaufnahme der Hamsterchen nahm auch das Gegenteil solche Dimensionen an, daß ich täglich den Käfig säubern, man kann schon sagen ausmisten mußte. Sonst hätte es bei mir gerochen wie bei einer jener hessischen Bäuerinnen, wenn sie ein schwächliches junges Ferkel in ihre Küche nehmen, um es mit der Flasche großzuziehen. Wie war das doch, was man mir versichert hatte: Hamster machen überhaupt keine Arbeit?

Schließlich kam der Sonntag, an dem die Oxnarder Familie die Hamsterfamilie bei mir abholte. Ich ließ mir gern von den Enkeln bestätigen, daß sie mit dem Resultat meiner Bemühungen zufrieden waren. Sie verstiegen sich sogar zu dem hohen Lob, sie wüßten keine andere Großmutter, die das alles so tadellos hingebracht hätte. Norman strahlte, nachdem er sich, wie vorauszusehen, Smarty als Lebensgefährten gewählt hatte, den mit dem höchsten Intelligenzgrad.

Endlich konnte ich nun wieder an den vernachlässigten Schreibtisch zurückkehren. Ich hätte Befriedigung darüber empfinden sollen, aber mein Haus kam mir auf einmal so merkwürdig leer vor. Eine befreundete Malerin hatte mir ein hübsches Bildchen von der Hamsterfamilie gemalt, das ich nun oft nachdenklich ansah. Die anmutigen Tierchen hatten ein paar Wochen lang mein Leben ausgefüllt. Ich hatte viel von ihnen und über sie gelernt, hatte die Freude der Enkel geteilt, und letzten Endes konnte man das alles doch nicht als verlorene Zeit bezeichnen. Es ist ja keine Zeit verloren, in der man einmal ganz aus dem gewohnten Tageslauf herausgerissen wird, um etwas Neues zu unternehmen. Dabei erfährt man, daß man nie zu alt ist, über Wunder zu staunen.

Was die Enkel betrifft, so werden sich bestimmt die beiden Großen, vielleicht selbst der kleine Alan, in zwanzig oder dreißig Jahren, wenn sie selbst Kinder haben, an unsere gemeinsame Hamsterzucht erinnern und dabei auch an mich, die dann längst nicht mehr da sein wird.

VII

NIE ZU SPÄT ZUM SCHREIBEN

Unter Winston Churchills Werken ist auch ein kleines Bändchen, mit dem Titel: „Malen als Zeitvertreib.“ Darin sagt er, einer der erfolgreichsten Männer unseres Jahrhunderts auf nicht nur einem, sondern vielen Gebieten: „Ich schätze mich glücklich, so spät im Leben noch Geschmack an der Malerei als Zeitvertreib gefunden zu haben.“ Und weiter unten auf derselben Seite steht: „Selig sind die Maler, denn sie werden nie unter Einsamkeit leiden.“

Anne Marie Moses war so verschieden von ihrem großen Zeitgenossen wie ein Gänseblümchen von einer Edelrose; er Sohn eines englischen Herzogs, sie eine amerikanische Farmersfrau, deren Leben von früher Kindheit an Arbeit und immer wieder Arbeit war. Fast achtzigjährig, als ihre arthritischen Hände für „ordentliche Arbeit“, wie sie sagte, zu steif geworden, als ihr Mann gestorben und die Kinder aus dem Nest geflogen waren, fing sie zu malen an, um den leeren Stunden einen Inhalt zu geben. Sie hatte nie Malunterricht gehabt, es gab auch niemand in ihrer ländlichen Umgebung, der sie mit den Grundbegriffen der Kunst hätte vertraut machen können. Das machte sie nicht irr in ihrem Entschluß. Die Worte „Das kann ich nicht“, standen nicht in ihrem Wörterbuch. Sie bestellte sich Farben und Pinsel in einem der großen Versandgeschäfte; suchte sich auf dem Speicher ihres alten Bauernhauses Kartonstücke und Leinwandreste zusammen und fing munter an, etwas Neues zu versuchen. Sie lernte nie besonders gut zeichnen und mit ihrer Perspektive war es auch nicht weit her.

Wir alle wissen, daß sie die berühmte Grandma Moses wurde, deren Bilder aus dem Landleben später teuer bezahlt wurden und den Weg in Museen und zu Sammlern fanden. Ihre Bilder atmen Freude an natürlichen Dingen, da gab es keine Mätzchen, sie wollte nicht originell sein; sie malte, was sie liebte und was ihr Leben ausgemacht hatte: ein Familienfest, eine Schlittenpartie im tiefen Winter, Wiesen und Felder und Hügel, belebt von Menschen und Tieren, spielenden Kindern, springenden Fohlen, jungen Lämmern. Niemand hätte mehr erstaunt sein können über den Erfolg dieser Bilder als sie selbst. Natürlich freute sie sich darüber, aber sie war viel zu lebensklug, um sich davon den Kopf verdrehen zu lassen. Bis an ihr Ende blieb sie die einfache Landfrau, die zu ihrem Vergnügen malte und sich mit Fleiß und Ausdauer bemühte, die schwere Kunst zu beherrschen. Aber nie ging sie von ihrer Linie ab.

Martin Buber hat einmal gesagt: „Altsein ist etwas Herrliches, wenn man nicht verlernt hat, was anfangen heißt."

Anfangen also, im Alter noch etwas Neues anfangen, das allein ist schon eine Zauberformel gegen Melancholie. Und warum nicht etwas tun, was wir alle als Kinder schon gelernt haben und wozu es noch weniger Umstände bedarf als zu dem Umgang mit Pinsel und Farben: Schreiben! Ein Block Papier, ein paar gut gespitzte Bleistifte oder ein Kugelschreiber, eine leere Tischplatte und ein Papierkorb genügen. Für mich jedenfalls ist der Papierkorb noch immer unerläßlich, seit ich mit ungefähr elf Jahren meinen ersten Roman schrieb. Man könnte also auch sagen: nie zu früh zum Schreiben. Und genau das antwortete ich kürzlich einem zwölfjährigen Mädchen, dem verständnislose Erwachsene eingeredet hatten, sie solle noch nicht mit etwas so Schwerem anfangen, sondern warten bis sie mindestens vierzehn Jahre sei. „Fang an", riet ich ihr. „Laß dich nicht irremachen. Wie sonst kannst du denn herausfinden, ob du Talent hast, wenn du nichts versuchst! Tu was dir Freude macht, übe dich darin; wenn du später eine stärkere Begabung in dir entdeckst, so hast du gewiß nichts damit verloren, daß du dich auf einem anderen Gebiet ernsthaft bemüht hast."

Mein erster „Roman" wäre übrigens heute bestimmt ein Heiterkeitserfolg, wenn er nicht verloren wäre. Mir aber war es todernst mit dem, was ich da schrieb, denn es war keine lustige, sondern eine tieftragische Geschichte und ich selbst vergoß Tränen der Rührung beim Schreiben. Wir hatten in der Schule zum erstenmal etwas von römischer Geschichte gehört, von den Feldzügen nach Gallien und Germanien und von den grausamen Christenverfolgungen. So entstand die Geschichte einer edlen germanischen Jungfrau, die im Triumphzug eines der siegreichen Feldherren mitgeführt wurde. Sie liebte einen der Zenturionen, die sie bewachten, und er liebte sie. Es dauerte nicht lange, da hatte sie ihn zum Christentum bekehrt, wobei ich außer acht ließ, daß damals noch kein Bote des neuen Glaubens bis in die germanischen Wälder vorgedrungen war. Die beiden Liebenden starben zusammen in der Arena den Märtyrertod, ich weiß nicht mehr, ob man sie als lebende Fakkeln verbrannte oder den wilden Tieren vorwarf. Dieses erste Werk meiner Feder hütete ich wie einen Schatz. Nie sollte jemand etwas davon erfahren, ich hätte mich zu Tode geniert in diesem empfindlichen Alter, etwas preiszugeben, was mir wichtig war. Seitdem schrieb ich eigentlich immer, aber es dauerte lange, bis etwas von mir veröffentlicht wurde, was ich ganz heimlich der Redaktion einer Zeitschrift eingeschickt hatte. Es waren dann keine Romane mehr, sondern Essays, Kurzgeschichten, kleine Novellen, und dabei blieb es, bis in meinem achtundfünfzigsten Jahr mein erster Jugendroman veröffentlicht wurde. Man wird zugeben, daß das auch schon ziemlich spät war.

In Leserbriefen und in Gesprächen mit alten und jungen Lesern taucht immer wieder die Frage auf, ob man denn auch in vorgeschrittenen Jahren noch anfangen könne zu schreiben, ob es ratsam sei, am Abend des Lebens etwas zu versuchen, wozu man früher, als das äußere Dasein zu große Anforderungen stellte, nie Muße hatte. Nun hat man die Berufsjahre hinter sich, der Haushalt hat sich verkleinert, als die Kinder ihrer Wege gingen, vielleicht hat man den Lebensgefährten verloren, vielleicht war man auch immer allein, aber man hatte seine geregelte Beschäftigung, man war, wie man so sagt, ein nützliches Mitglied der menschlichen Gesellschaft. Jetzt haben die Körperkräfte nachgelassen; statt für andere zu sorgen, muß man sich von anderen versorgen lassen. Vielleicht wohnt die Mutter oder der Vater mit einer Tochter zusammen, die tagsüber ihrem Beruf nachgeht. Die einsamen Tage sind lang und leer geworden, die

Stunden dehnen sich endlos ins graue Nichts und aus jeder Ecke lugt ein Gespenst hervor, das flüstert: Wozu bist du überhaupt noch da? Wäre es da nicht eine schöne Aufgabe, etwa seine Erinnerungen aufzuschreiben, sich gleichsam rückschauend Rechenschaft zu geben über das, was man und wie man es erlebt hat und damit einen Überblick zu gewinnen über die Gesamtheit der eigenen Existenz; alles Gute und Schöne, aber auch das Schwere, noch einmal aufsteigen zu lassen aus der Vergangenheit? Vielleicht kommt etwas dabei heraus, woran auch die noch mitlebenden Altersgenossen Freude hätten. Vielleicht können Kinder und Enkel es jetzt oder später lesen und das Wesen der Vorfahren bekäme dabei eine fester umrissene, eine bleibende Gestalt, wie auch die Zeit, in der sie lebten. Selbst wenn es niemand anders lesen will, wäre es nicht schon trostreich, sich selber noch einmal das Märchen des eigenen Lebens zu erzählen?

Aber ist es denn denkbar, so werde ich ungeduldig gefragt, daß man im Alter noch lernen kann, was man nie ernsthaft geübt hat, nämlich klar und einfach auszudrücken, was man für sich selbst oder andere festhalten möchte?

Nun, ich habe mich immer geweigert zu glauben, daß es einen Punkt im Leben gibt, wo man nichts Neues mehr lernen kann. Ich bin auch überzeugt, daß es viel weniger Menschen gibt, die nicht schreiben können, als man gemeinhin denkt. Wer anders als die Alten waren es denn, die zu allen Zeiten und bei allen Völkern die Überlieferung lebendig hielten, sei es in Märchen und Sagen, in der Geschichte des Stammes oder im Weitergeben alter Sitten und Bräuche? Nie hätten die Brüder Grimm ihre Sammlung von Volksmärchen zusammengebracht ohne die erzählenden Großmütter; und vom Erzählen zum Aufschreiben ist nur ein kleiner Schritt.

An Stoff fehlt es gewiß keinem in unserer Generation; noch nie hat sich in der Spanne eines Menschenlebens so viel ereignet, so viel geändert wie in der unseren. Ich habe Aufzeichnungen ganz einfacher und sicher nicht im Schreiben geübter Menschen gelesen, in denen das einmalige individuelle Schicksal, ein winziges Mosaiksteinchen in der Geschichte des Volkes, so erzählt ist, daß es zu einem Zeitdokument wird. Das sind nicht nur Berichte von Not und Tod, Hunger und Kälte, von der Flucht aus dem Osten, dem Feuersturm der Bombennächte, dem Verlust geliebter Menschen oder der Auswanderung in ein fremdes Land, wo noch spät im Leben eine neue Existenz aufgebaut werden mußte. Oft begegnet man plötzlich einer kurzen Schilderung der verlorenen Heimat; eine Landschaft wird sichtbar wie ein Bild: ein Buchenwald im ersten Frühlingsgrün, die Küste der Ostsee, ein Kornfeld mit rotem Mohn und blauen Kornblumen am Straßenrand, eine blühende Wiese, ein Bauernhof, auf dem schon die Ahnen saßen, ein kleiner Laden in einem ostpreußischen Städtchen. Das alles wird man nie wiedersehen, nur in einem Brief lebt es noch, den niemand vergessen kann, der ihn einmal gelesen hat.

Am schönsten fand ich immer die Berichte von Müttern über ihre Kinder, diese Kinder, die sie alleine großziehen mußten, weil der Vater nicht aus dem Krieg zurückkam; die sie mitschleppten auf dem schweren Weg nach dem Westen, als man sie aus der angestammten Heimat vertrieben hatte. Das Heldenlied der Mütter dieser Generation muß noch geschrieben werden. Kann es nicht eine oder einer schreiben, der dabei war?

Da ist zum Beispiel eine schlesische Familie, die auf der Flucht nach dem freien Westen in der deutschen Ostzone hängenblieb; eine Mutter mit fünf Kindern, die ich nie gesehen habe und die ich so gut zu kennen glaube als wäre es meine eigene Familie. Als im Herbst 48 mein Buch „Die Arche Noah" erschienen war, in dem das Schicksal einer Flüchtlingsfamilie erzählt ist, und als dieses Buch auch den Weg in die Ostzone gefunden hatte, schrieb mir ein damals zwölfjähriges Mädchen, die Mutter habe ihnen das Buch vorgelesen und nun fänden sie, daß sie eigentlich die Familie aus der

Arche seien, denn genau so oder doch ganz ähnlich wie den Lechows sei es auch ihnen ergangen. Aus diesem ersten Brief entwickelte sich dann im Laufe der Jahre ein Briefwechsel mit der Mutter, der zu einer herzlichen Freundschaft führte, obwohl wir uns nie persönlich begegnet sind. Ein- oder zweimal im Jahr kommt ein Brief dieser prachtvollen Frau, und so habe ich das Schicksal der Familie miterleben dürfen. Der Vater war Arzt, wie Dr. Lechow, aber er war bald nach der Rückkehr aus russischer Gefangenschaft gestorben, und die Mutter mußte allein die Kinder durchbringen. Sie brachte es fertig, bei aller Dürftigkeit der äußeren Verhältnisse nicht nur ihren eigenen Kindern, sondern auch deren Freundeskreis ein Heim zu schaffen, dessen Wärme und Geborgenheit weithin ausstrahlten. Da wurden die alten kulturellen Werte gepflegt, es wurde gelesen und musiziert und jedes Konzert des Leipziger Gewandhauses besucht, auch wenn man sich dafür anderes absparen mußte. Die beiden ältesten Kinder sind schon lange im Westen. Der Sohn konnte in der Ostzone seinen Wunsch, Seemann zu werden, nicht erfüllen; auch die Tochter fand dort nicht die Berufsmöglichkeiten, die ihr gelegen hätten. Inzwischen hat sie im Westen geheiratet und ist Mutter von zwei kleinen Mädchen geworden. Ihr Mann ist Seemann wie der Bruder. Von diesem Bruder bekam ich kürzlich einen Brief aus Mobile in Alabama, wo er als frisch gebackener Kapitän der Handelsflotte mit einem Erzschiff vor Anker lag. Er hat die Kunst des anschaulichen Schreibens von seiner Mutter geerbt, selbst seine Handschrift ähnelt der der Mutter so sehr, daß ich im ersten Augenblick annahm, der Brief käme von ihr. „Sie ist meine beste Freundin", steht in dem Brief des Sohnes. Im vorigen Jahr, als die Mutter ihren sehnlich erwarteten sechzigsten Geburtstag hinter sich hatte, die Vorbedingung für einen Paß durch den Eisernen Vorhang, besuchte sie zum erstenmal Kinder und Enkel in Hamburg. Nach dieser Reise kam ein Brief voller Jubel und Dankbarkeit für das Geschenk dieses Zusammenseins mit den Kindern. Später, wenn auch die drei jüngeren Kinder alle aus dem Hause sind – und das wird nicht mehr lange dauern, hoffe ich, daß sie Zeit finden wird, die Geschichte ihrer Familie aufzuschreiben für Kinder und Enkel. Ich bin sicher, daß man diese Aufzeichnungen dann lesen wird, wie ich jetzt ihre Briefe lese: zuweilen laut lachend bei einer humorvollen Schilderung, zuweilen auch mit Tränen, ohne daß sie sentimental sein werden, denn das liegt dieser tapferen Frau nicht. Man wird sie lesen wie ein Gedicht von Matthias Claudius.

Wenn ich in alten Papieren herumkramte, ist es mir schon mehr als einmal passiert, daß ich plötzlich ein längst vergessenes Schriftstück in der Hand hielt, das genau zu der Arbeit paßte, mit der ich gerade beschäftigt war. So fand ich auch vor einigen Monaten, als ich mich auf den Umzug nach Valle Verde vorbereitete und wieder einmal viele alte Briefe verbrennen mußte, ein Manuskript, das schon mehr als zwanzig Jahre zwischen vielen anderen gelegen hatte. Da hat eine Großmutter für Enkel und Urenkel die Familiengeschichte aufgeschrieben, wie man es sich von jeder Großmutter wünschen möchte. Sie ist schon lange tot und ich will sie hier mit dem zärtlichen Namen nennen, unter dem sie bei den Freunden der Familie bekannt war: Oma Knülpchen. So hatte sie der Schwiegersohn nach dem armen, immer heiteren Vagabunden Knulp genannt, der Titelfigur einer frühen Erzählung von Hermann Hesse. Als wir sie kennenlernten, war sie alt, fast so arm wie Knulp und ebenso zufrieden wie der. Sie selbst und die Familie der Tochter hatten in der Inflation nach dem ersten Weltkrieg ihr Vermögen verloren. Zu der Zeit der wild gewordenen Zahlen war Knülpchen vorübergehend allein im Tessin, während Tochter und Schwiegersohn in Deutschland versuchten, etwas aus dem Zahlenwahnsinn zu retten. Die alte Dame bekam damals einen Brief ihrer deutschen Bank, in dem ihr mitgeteilt wurde, daß ihr Konto zu soundso viel Millionen, oder vielleicht waren es auch schon Billionen, angeschwollen sei und was damit geschehen solle. Da sie keine Tageszeitungen las, war sie völlig überrascht. Sie ging zu einem Schweizer Bankier und fragte ihn um Rat, wie dieses schwindelhafte Vermögen am besten anzulegen sei. Er sah sie fassungslos an: „Aber meine liebe gnädige Frau! Wissen Sie denn, wieviel diese Millionen in Schweizer Franken sind?" „Sagen Sie es mir bitte." – „Genau 27 Franken und 50 Rappen", erklärte der Mann, nachdem er schnell etwas auf ein Blatt geschrieben und ausgerechnet hatte. Das fand nun Knülpchen so komisch, daß sie erst einmal laut lachen mußte. Dann sagte sie: „Wissen Sie was, Herr X. Da gehen wir jetzt zu Biaggi und schlemmen nochmal ganz groß zusammen." Für 27 Franken konnte man damals in diesem bekannten Schlemmerlokal in Lugano noch „ganz groß" zu zweien speisen. Und das taten die beiden. Später mußte sie selbst und die Familie der Tochter noch einmal ganz neu anfangen und sie taten es im Tessin, nicht nur einmal, sondern wiederholt.

Damals, es muß um 1930 gewesen sein, hatten Ben und ich uns ganz plötzlich zu einer kleinen Herbstreise entschlossen, kamen unangemeldet in Lugano an und fanden in dem gewohnten Hotel kein Zimmer mehr. Zufällig trafen wir die Baronin A. auf dem Verkehrsverein (wenn man denn

Zufälle gelten lassen will) und kamen ins Gespräch. Der Endeffekt war, daß sie uns kurzerhand mit nach Torricella nahm, einem Dörfchen oberhalb des Sees, wo die Familie samt der Großmutter in einem malerischen alten Tessiner Haus lebte. Wir bekamen als zahlende Gäste ein Zimmer auf dem Dachboden neben dem Taubenschlag, ohne fließendes Wasser und sonstigen modernen Komfort, aber mit einem großartigen Blick auf die Berge und den See. Offenbar hatte der Knulpsche Geist auch uns bereits ergriffen, denn das Fehlen jeder gewohnten Bequemlichkeit schien uns nur den Reiz dieses Quartiers zu erhöhen. Wir wuschen uns schnell Gesicht und Hände in der altmodischen großen Schüssel – „Denk nur, was für eine kleine die Madame de Pompadour hatte!" sagte Ben vergnügt –, gingen dann hinunter und wurden in der Küche Knülpchen vorgestellt. Zwei strahlende blaue Augen lachten uns entgegen aus einem faltigen, immer noch schönen Altfrauengesicht. Sie legte den Löffel hin, mit dem sie in der Minestra gerührt hatte, nahm die Zigarette aus dem Mund und sagte: „Willkommen. Gleich gibt es etwas zu essen." Der große Eisenherd rauchte und glühte; die Suppe duftete einladend. Die alte Dame trug eine ihr viel zu große, an den Ellenbogen schon etwas dünne Wolljacke, die sie, wie wir später erfuhren, von ihrem riesigen Schwiegersohn geerbt hatte. Auf der von Weinlaub umrankten Steinterrasse war der Tisch gedeckt, die schönen Kinder des Hauses und drei weitere Gäste, der Schriftsteller Paul Kornfeld und der Schauspieler und Regisseur Carl Ebert mit seiner Frau, fanden sich dazu. Die Minestra hätte uns bei Biaggi nicht besser schmecken können; es gab viel geriebenen Käse und knuspriges Weißbrot dazu. Danach eine Riesenschüssel Salat, frisch aus dem Garten, den der Hausherr, von Beruf Maler, selbst bestellte. Aus bunten Steingutkümpchen tranken wir den leichten Tessiner Rotwein, der im Pensionspreis inbegriffen war.

Als es kühl wurde, gingen wir ins Haus, in Alvos Zimmer, wo Gisa schon vorher die dicken Wachskerzen angesteckt hatte. Überall standen Herbstblumen in Vasen und großen Schalen, und an den Wänden hingen Alvos schöne Blumenbilder, die im Kerzenschein warmes Leben bekamen. Vom nahen Kirchturm fielen die Stundenschläge in die Dämmerung, ohne daß wir sie zählten. Wir vier Frauen saßen eng nebeneinander auf dem zerschlissenen Sofa, unter dem friedlich die ungestopften Strümpfe der Familie lagen. Jemand las ein Gedicht vor. Es wurde über ein neues Theaterstück diskutiert; ich weiß nicht mehr, ob es an diesem Abend eins von Kornfelds Dramen war, über das wir sprachen. Einmal stand der Schwiegersohn plötzlich auf, um Oma Knülpchen zu umarmen und ihr zu sagen, wie großartig sie heute wieder gekocht habe. „Und dabei hat sie bis zu ihrem vierzigsten Jahr nie eine Küche von innen gesehen!“ erklärte er uns. Sie war der Mittelpunkt des kleinen Kreises, von allen geliebt, von den Enkeln verehrt, von den Gästen verwöhnt, soweit sie sich gelegentlich einmal ein bißchen verwöhnen ließ. Dieser Septemberabend war für uns der Anfang einer langen Freundschaft. Wir kehrten oft in das Torricella-Haus zurück.

Für die Enkel hat Knülpchen dann vor ihrem Tode noch ihre Erinnerungen aufgeschrieben.

„Ich habe keine gewandte Feder“, so begann sie. „Oft genug bin ich damit geneckt worden, daß ich nicht einmal gern Briefe schreibe. Was ich hier aufschreibe, ist auch nicht besonders interessant. Aber ich möchte doch, daß die Enkel und Urenkel einmal etwas über ihre Vorfahren lesen können, was sonst vielleicht vergessen wird. Darum schreibe ich es für sie und vielleicht für noch spätere Nachkommen auf.“

Und nun steigt eine Galerie erlauchter Ahnen aus den Gräbern und eine längst vergangene Zeit bekommt noch einmal blutwarmes Leben. Einfach und unprätentiös ist dieser Bericht, wie es dem Wesen der Schreiberin entsprach; es ist kein falscher Ton, kein unnötiges Wort in dem ganzen Schriftstück.

In dem westfälischen Herrenhaus Kückelingk wuchs die junge Komtesse mit zwei älteren Schwestern auf. „Mein Vater, Graf Christian von Korff, genannt Schmiesing-Kerstenbrock aus dem Hause Brincke, hatte das Gut Kückelingk gekauft, als er bei den elften Düsseldorfer Husaren seinen Abschied nahm“, so beginnt sie. „Der Offiziersberuf hatte ihm nie sehr gelegen. Das große Haus aus dem Jahre 1311 war wie eine Festung, ganz von Wassergräben umgeben, auf denen schöne Schwäne schwammen. Es hatte noch Schießscharten und war mit einer Zugbrücke gegen den Obst- und Gemüsegarten und die weitläufigen Wirtschaftsgebäude, in denen auch die Wohnung des Verwalters lag, abgeschlossen. Das Personal bestand aus zwanzig bis fünfundzwanzig Personen. In der Küche waltete die Köchin mit ihren zwei Helferinnen. Eine Jungfer sorgte für meine Mutter, eine zweite für uns Schwestern. Die Jungfern mußten schneidern und frisieren können. Der Diener hatte das Silber zu putzen, die Tafel zu decken und zu servieren. Er mußte jeden Tag achtzehn Petroleumlampen neu füllen und reinigen und, ich weiß nicht mehr wie viele, Öfen heizen. Eine Anzahl von Hausmädchen besorgten die Zimmer, und jeden Montag kamen zwei Waschfrauen aus dem Dorf für die große Wäsche. Dienstboten fand man leicht in den umliegenden Dörfern. Die meisten waren ehrlich, geschickt und anhänglich und bekamen wenig Lohn. Ich hatte bis zu meinem vierten Jahr eine Kinderfrau. Mit sieben Jahren bekam ich eine Erzieherin, von denen ich im Laufe der Jahre sieben oder acht verbrauchte. Sie alle haßten das Landleben, das wir so liebten. In Religion und Französisch, der Umgangssprache in der Familie, unterrichtete uns die Mutter selbst. Unsere Eltern waren gütig und zärtlich, aber auch streng. Ihr Wille war Gesetz; es wäre uns nicht im Traum eingefallen, daran rütteln zu wollen."

Nun wird die genau eingehaltene Tagesordnung geschildert. Um sechs Uhr aufstehen, dann zu Fuß und mit nüchternem Magen in die Dorfkirche von Appelhülsen zur Messe. Danach rollte der Tagesablauf mit strenger Regelmäßigkeit ab bis in die Abendstunden, die die Töchter nach dem leichten Abendbrot von Milch und eingebrocktem Brot mit den Eltern im Wohnzimmer verbrachten. Es wurde Musik gemacht oder vorgelesen und die jungen Mädchen mußten das ganze Jahr hindurch Strümpfe und warme Mützen stricken für die Weihnachtsbescherung der Dorfbewohner.

„Mein Großvater", so fährt der Bericht fort, „war Obermundschenk am königlichen Hof in Dresden. Seine Frau war eine geborene Herzogin von Esclignac, eine schöne, lebenslustige Französin, die sich wohl nie in Deutschland ganz zu Hause fühlte. Wenn sie bei uns auf Kückelingk zu Besuch war, nannte sie das große Haus mit seinen dreißig Zimmern ‚une jolie petite maison de curé' – ein nettes kleines Pfarrhaus. Ihre Tochter, unsere Mutter, war auf Schloß Frauenhain bei Dresden aufgewachsen. Ganz in der Nähe lag das alte Schloß Zebeltitz, das unserer Urgroßmutter gehörte, der verwitweten Herzogin von Esclignac, geborenen Prinzessin von Sachsen. Ihr Vater, der Prinz Xavier, konnte nicht König werden, weil er eine wunderschöne, aber für einen königlichen Prinzen nicht ebenbürtige Hofdame, Gräfin Spinozzi, geheiratet hatte. Urgroßmama Mu-Mu, wie wir sie nannten, hatte nur Sinn für ihren Stall voll schöner Pferde und für ihre beiden Möpse, die bei Tisch auf zwei Taburetts neben ihr saßen. Mu-Mu war klein und zierlich, aber enorm stark. Sie ritt noch mit siebzig Jahren ihre Hengste zu und fuhr jeden Sommer vierspännig nach Teplitz ins Bad."

Dann berichtet Oma Knülpchen noch von ihrer kurzen, glücklichen Ehe mit dem Baron Bothmer, Hauptmann in einem hessischen Leibgarderegiment, mit dem sie aus der ländlichen Abgeschlossenheit von Kückelingk in seine Garnison Darmstadt zog, wo das junge Paar sich an dem lebhaften, geistig interessierten Kreis des herzoglichen

Hofes beteiligen mußte, was Knülpchen, die damals noch nicht Knülpchen hieß, viel Vergnügen machte. „Ihr wißt", so geht es weiter, „daß die Inflation unseren ganzen Besitz verschlang. Ich zog nach dem frühen Tod meines Mannes zu euren Eltern und folgte ihnen auch ins Tessin, das unsere zweite Heimat wurde. Damit erfüllte sich ein Traum meiner Jugend: in einem Gebirgsland zu leben. Nun kann ich mich täglich an dieser herrlichen Landschaft mit ihren dauernd wechselnden Beleuchtungen freuen." Von dem chronischen Geldmangel und den mancherlei Sorgen und Entbehrungen wird kein Wort erwähnt. Oma Knülpchen war eine glückliche alte Frau, ihr Leben war auch ohne Geld und Gut reich und erfüllt. Sie war zufrieden in dem heiteren Familienkreis, sie wußte, daß sie gebraucht wurde – und was gibt es Besseres im Alter. Wenn wir in Torricella waren, verging wohl kein Tag, ohne daß die Tochter, der Schwiegersohn, einer der Enkel oder auch ein Gast sagte: „Was täten wir ohne dich (oder ohne Sie)?"

Am Schluß ihres knappen, anschaulichen Berichtes, den ich hier noch etwas gekürzt habe, schreibt sie: „Von unserem Leben hier im Tessin brauche ich Euch nichts zu erzählen, das habt ihr ja alles miterlebt. Ihr seht aus meinen Aufzeichnungen, wie anders die Zeit war, in der ich aufwuchs. Wir kannten auf Kückelingk noch kein Telefon und kein

Automobil, nicht einmal elektrisches Licht gab es und auch sonst fehlte vieles, was man heute für unentbehrlich hält und was wir hier in dem geliebten alten Tessiner Haus auch wieder ganz gut entbehren können. Aber dafür wußten wir auch nichts von der Hetze und Unruhe der heutigen Zeit, die uns gottlob auch hier fern ist.

Wieder ist ein Krieg über Europa hereingebrochen. Möge Gott uns bald den Frieden schenken."

Damit schließt ihr Bericht, und welch ein Schatz ist er jetzt für ihre Nachkommen. Wie sie selbst am Anfang sagte, ist er mit ungewandter Feder geschrieben. Gerade darum habe ich ihn als Beispiel dafür gewählt, daß jeder sich zutrauen kann, im Alter noch etwas aufzuschreiben, was ihm Freude macht und Enkeln und Urenkeln zum bleibenden Besitz werden kann. Selig sind die Schreibenden, könnte man das Wort von Churchill abwandeln, denn sie werden nie einsam sein. Außerdem ist Schreiben ein so geräuschloser Zeitvertreib, daß er auch den empfindlichsten Nachbarn nicht stören wird. Ihr werdet staunen, wie beglückend es ist, wenn man am Abend eines Tages eine Seite oder womöglich mehrere Seiten fertig gebracht hat, die bestehen können. Der Einwand: ‚das kann ich nicht' darf in eurem Wörterbuch so wenig einen Platz haben wie in dem von Grandma Moses. Und noch etwas möchte ich nicht hören, was mir hin und wieder entgegnet wurde, wenn ich jemand zuredete, es mit dem Schreiben zu versuchen: „Ja, Sie haben gut reden! Ihnen fließt alles so leicht aus der Feder.“

Wer die Geduld aufbringt, noch das nächste Kapitel zu lesen, wird sehen, wie „ l e i c h t “ es einem aus der Feder fließt, der sich sein Leben lang bemüht hat und immer noch ein Lehrling ist.

VIII

VON DER UNBEIRRBARKEIT VOM KAMPF MIT DEN WORTEN UND VOM GENIUS LOCI

Worte sind das Material des Schriftstellers, sein Werkzeug, um Ideen und Bilder zu gestalten. Der Kampf um das rechte Wort am rechten Platz ist sein tägliches Brot. Es ist ein nie endender Kampf, denn es kann keinen Frieden geben zwischen der Vision der Vollkommenheit und der Beschränkung der eigenen Fähigkeit. Laßt es mich gleich hier sagen, daß es nicht leichter wird mit dem Alter. Die jahrelange Übung ändert nichts daran, daß jede Seite und jede Zeile ein neuer Beginn ist. Sich mit den Worten, diesem zähen und flüchtigen Material herumzuschlagen, bleibt ewig dieselbe Herausforderung. Immer mehr, immer stärker wird man sich im Alter der eigenen Beschränkung oder Beschränktheit bewußt. Trotzdem weiter zu kämpfen ist das, was Charles Morgan in einem Essay *„Singleness of Mind"* nennt, ein schwer zu übersetzender Ausdruck, im Deutschen noch am ehesten mit Unbeirrbarkeit wiederzugeben. – Was meint der englische Dichter damit? Er meint, daß wir, was immer uns aufgegeben ist, mit ganzem Herzen, mit ganzer Seele und mit allen unseren Kräften tun müssen; sei es ein Kleid zu nähen, ein Feld zu pflügen oder ein Buch zu schreiben.

Das Äußerste an Unbeirrbarkeit, an Hingabe an ein Ziel ist der Heilige und ich glaube, daß in jeder schöpferischen Arbeit etwas von der Nachfolge des Heiligen sein muß, jedenfalls bis zu einem gewissen Grad und in gewissen Perioden. Wenn es sich um Schreiben handelt, dann ist es einerlei, ob es ein Aufsatz über das Auge der Zimmerfliege ist, den vielleicht ein Dutzend hochspezialisierter Gelehrter lesen werden, oder um den großen Roman unseres Jahrhunderts, oder einfach, und wahrlich nicht so einfach, um ein Kinderbuch. In jedem Falle hat man es als eine Verpflichtung anzusehen; als das, was der Heilige seine Berufung nennt, die notwendigerweise vieles andere ausschließt. Sie bedeutet Verzicht auf Vergnügungen, auf Bequemlichkeiten, auf Liebhabereien; sie kann unter Umständen auch Verzicht auf die liebsten und nächsten Menschen bedeuten, denn, wie die Bibel sagt, kann niemand zwei Herren zugleich dienen. Wenn der Ehepartner, die Familie, die Freunde imstande sind, zu begreifen und einzuwilligen, daß wir für eine Weile alleingelassen werden müssen, dann haben wir allen Grund zur Dankbarkeit. Wenn ihre Liebe, ihre Freundschaft stark genug ist, um in solchen Zeiten Geduld mit uns zu haben, dann werden wir nach der Rückkehr von unserer Reise ins Absolute ihnen noch inniger verbunden sein als vorher.

Noch etwas hat der Dichter gemeinsam mit dem Heiligen: das was Johannes vom Kreuz, der Freund der Heiligen Teresa von Avila, die „dunkle Nacht der Seele“ nennt. Das sind die Perioden der Unfähigkeit zur Arbeit; die Überzeugung, daß man nie wieder imstande sein wird, auch nur einen Satz zu schreiben, der sich lohnt. Es ist die äußerste Prüfung für die Existenz des Schriftstellers, und es gibt wenige unter uns, die diesen Zustand nicht kennen. Wenn man dann aufgibt, ist man verloren. Kämpfen, mit dem Rücken an der Wand, festhalten an der einzigen Waffe gegen die Verzagtheit, die uns gegeben ist, unserer Feder; schreiben, auch wenn wir wissen, daß die Arbeit des Tages abends im Papierkorb enden wird: das ist unsere Unbeirrbarkeit.

Lassen wir also den Dichter, den Schriftsteller in seinem elfenbeinern Turm der Abgeschlossenheit; lassen wir ihn zeitweise allein mit seiner Vision und dem Kampf um die Worte, die diese Vision für ihn selbst und für andere sichtbar und greifbar machen sollen.

Und nun müssen wir von einem anderen Kampf sprechen, der genau so unaufhörlich ist wie der erste: dem Kampf *gegen* Worte, – gegen zu viele, zu verbrauchte, zu billige Worte. Unsere Sprache, alle modernen Sprachen, haben ihre Unschuld verloren durch zu verschwenderischen, zu nachlässigen Gebrauch. Und mit der Unschuld haben sie ihre Kraft, ihre Unmittelbarkeit eingebüßt. Es gab eine Zeit, in der Sprache etwas Sakrales war; in der Worte sparsam gebraucht wurden, weil sie kostbar und mächtig waren. Ein Wort konnte Leben und Tod bedeuten, segnen und verdammen, böse Geister austreiben und die schützenden Mächte herbeirufen; es konnte die Sonne aufgehen und den Regen herabströmen, die Ernte wachsen und die Tiere Junge gebären lassen. Worte konnten die Fische in des Fischers Netz locken und den Hirsch in den Weg von des Jägers Pfeil. Daran sollten wir uns wieder erinnern und uns auf die Ehrfurcht vor der Sprache, vor dem Wort besinnen. Denn das gehört zu des Dichters Bemühung um das Wesentliche, zu der immerwährenden Jagd nach dem flüchtigen mythischen Tier, dem Einhorn.

Vor einiger Zeit las ich einen Satz des Philosophen Theodor Haecker: „Die klassische Kunst dichterischen Ausdrucks besteht in Beschränkung. Verglichen mit dem, was gesagt wird, ist das, was ausgelassen wird, unendlich.“ Ungefähr zur gleichen Zeit fand ich folgende Bemerkung der englischen Schriftstellerin Freye Starck: „Wenn wir schreiben, dann bedienen wir uns nicht nur der Worte, die wir anwenden, sondern all derer, die unausgesprochen vor dem Geist des Lesers auftauchen. Nicht nur was wir wirklich sagen, ist wichtig, sondern was wir den Leser denken machen."

„What we make him think!" Ich möchte hinzufügen, *daß* wir ihn denken machen. Um das zu tun, müssen wir die Magie der Sprache neu entdecken, müssen wir uns erziehen, wenige, starke, inhaltsreiche Worte zu benutzen, wie es einst in der Jugend der Menschheit war. Wir müssen tun, was der Zauberer mit anderen Mitteln tut: den Leser sehen lassen, was nicht da ist; ihn in seinem eigenen Kopf erschaffen lassen, was hinter den Worten steht; ihn führen, ohne daß er es merkt. Im besten Falle, und danach streben wir ja bewußt oder unbewußt alle, gelingt es uns, den Leser schöpferisch zu machen. Das aber kann nur geschehen, wenn hinter dem Ausgesprochenen das Unausgesprochene steht, wenn zwischen den Worten die Leere bleibt, die gefüllt werden muß.

Die großen Meister des Fernen Ostens sind das beste Beispiel für das, was ich sagen will. Denkt an Laotse, der nur ein schmales Bändchen von einundachtzig Sprüchen der Nachwelt hinterließ, das Tao Te King, wahrhaftig ein Rekord der Sparsamkeit mit Worten. Diese wenigen Worte haben mehr als zwei Jahrtausende überlebt und das Denken von Millionen beeinflußt. Einer dieser Sprüche beginnt so:

„Dreißig Speichen treffen sich in der Nabe eines Rades. Auf dem Nichts zwischen den Speichen beruht des Rades Brauchbarkeit.

Man formt Ton und macht Gefäße daraus. Auf dem leeren Raum zwischen den Wänden des Gefäßes beruht seine Brauchbarkeit."

Über meinem Schreibtisch habe ich einen weißen Karton an die Wand gepickt, auf dem steht: Vergiß die Leere nicht!

Es gab eine Periode in meinem Leben, in der ich versuchte, chinesische Sprüche und Gedichte ins Deutsche zu übertragen, diese ganz gedrängten vierzeiligen Verse, die mit dem japanischen Haiku verwandt sind und mit denen sich jeder einmal beschäftigen sollte, der mit Worten umgehen muß. Für mich war es ein ebenso tollkühnes wie zweifelhaftes Unternehmen, denn ich kann kein Chinesisch. Es kam darauf hinaus, daß ich mir blindlings den Weg suchen mußte, durch ein Dickicht unpoetischer deutscher, französischer und englischer Übersetzungen gelehrter Linguisten. Ich sage das durchaus mit dem gebührenden Respekt vor Linguisten im Allgemeinen und Sinologen im Besonderen, aber ich kann nicht leugnen, daß mich die meisten dieser Übersetzungen an sauber präparierte Skelette erinnerten. Obwohl ich weiß, daß viel wissenschaftliches Können zum Präparieren gehört, so weiß ich doch auch, daß ein Präparat tot ist. Ich aber wollte ja hinter den lebendigen Sinn dieser fremden Gebilde kommen, soweit das für einen Europäer überhaupt möglich ist. Das war wie ein Versuch, den Duft einer zwischen Löschpapier gepreßten Blume zu erhaschen; das zarte Seelchen eines Duftes, das sich jeden Augenblick in Nichts auflösen konnte bei der Berührung mit meiner neugierigen Nase. Gleichzeitig war es strenge Arbeit unter einem unnachsichtigen Lehrmeister, der über die Spanne von Jahrhunderten hinweg seinen Finger auf mein Papier legte und dessen undurchsichtiges Lächeln sich lustig zu machen schien über meine Begriffsstutzigkeit. Wie unvollkommen das Resultat meiner Arbeit auch gewesen sein mag, jedenfalls war die Bemühung eine lohnende geistige Übung.

In der Folge beschäftigte ich mich mit den Dichtern der T'Ang-Dynastie und lebte für Monate in dieser unglaublich produktiven Periode chinesischer Dichtung und Kunst im achten und neunten Jahrhundert. Daraus entstand eine Novelle über Li Tai Pe und seinen Freundeskreis, eine Gruppe von Mystikern, Dichtern, Malern und Kalligraphen, viele alles in einem. Und hier bekam ich wieder einen Wink über Perfektion in der Kunst. Beim Studium der Quellen zu dieser Arbeit begegnete mir auch Wang Wei, einer der großen Maler dieser Zeit und dabei ein Dichter von Rang. Er sagt: „Das letzte Ziel des Malers ist nicht, Berge und Wolken und Bäume zu malen, sondern die Luft dazwischen." Da haben wir wieder die Mahnung: nicht was wir malen, nicht was wir sagen, ist wichtig, sondern das Nichts zwischen den Naben des Rades, die Leere im Inneren des Gefäßes, das Ungesagte hinter den Worten.

Selten habe ich so intensiv, so besessen an etwas gearbeitet wie an dieser Novelle. Sie hat bis jetzt keinen Verleger gefunden, und wahrscheinlich findet sie nie einen. Deswegen ist die Zeit, die ich darauf verwandt habe, doch nicht verloren. Ich habe viel dabei gelernt.

Ob uns Erfolg beschert ist für unsere Mühe oder nicht, es fließt nie leicht aus der Feder und das soll es auch nicht. Wenn es dann gedruckt auf dem Papier steht, braucht niemand zu ahnen, daß die Seite, die fertig dasteht, oft die sechste oder gar die zwölfte ist und daß alle vorigen im Papierkorb oder im Kaminfeuer endeten. Hemingway, einer der großen Meister der Sprache, hat einmal verraten, daß er einen einzigen Absatz in seinem Buch „Der alte Mann und das Meer" fünfundachtzigmal geschrieben hat, ehe er zufrieden damit war. Darf ich mich dann beklagen, wenn ich einen Absatz, eine Zeile oder eine Seite ein dutzendmal oder vielleicht auch zwanzigmal schreiben muß? Daß manchmal ein ganzer Tag vergeht, ehe ich ein Wort finde, das genau sagt, was ich meine! Wo bliebe die Unbeirrbarkeit, wenn wir dabei verzagen wollten! Und wieviel schwerer noch wäre alles, wenn uns nicht wieder und immer wieder unerwartete Hilfen begegneten. Wie oft halten wir, ohne es gesucht zu haben, im rechten Augenblick ein Buch in der Hand, das neue Winke für unser Thema enthält. Wie oft kommt ein Brief, der uns in die richtige Stimmung versetzt, oder ein Gespräch mit Freunden weist den Weg, den wir einschlagen müssen. Diese Dinge kann man nicht erklären, man kann sie nur dankbar hinnehmen. Es sind Geschenke, die ohne unsere Bemühung und sicherlich ohne unser Verdienst plötzlich da sind.

Zu diesen Inspirationen gehört auch das, was die alten Römer den genius loci nannten. Bei mir ist es die Erfahrung, wie oft meine Einbildungskraft auf einen vorher nicht geplanten Weg gelenkt wurde, wenn ich ein fremdes Haus betrat, durch eine fremde Stadt ging, durch eine Landschaft fuhr oder wanderte, die ich vorher nie gesehen hatte. Oft hatte ich bei solchen Gelegenheiten das Gefühl, als habe der Ort auf mich gewartet, als wolle er mir etwas verraten, was gerade zu diesem Zeitpunkt wichtig für mich war. Diese

Erfahrung hat eine völlig unrealistische, eine fast unheimliche Qualität. Sogar mein Körper reagiert darauf mit einer Beschleunigung des Herzschlags oder mit einer Hitzewelle. Es fing schon in der Kindheit an mit meiner Vaterstadt Frankfurt, dieser sehr alten Stadt, die ganz von Geschichte und Geschichten durchtränkt ist. Ich erinnere mich lebhaft, wie stark ich damals schon die saugende Anziehungskraft der engen Gassen um Dom und Römer gefühlt habe. Wenn immer ich den aufmerksamen Augen unserer jeweiligen Erzieherin entwischen konnte, stromerte ich dort herum, wo noch der Duft der Vergangenheit lag, lauschte in dunkle Hausflure, hinter denen stille Höfe wie vergessen und verzaubert lagen, und noch ohne zu ahnen wozu und warum, suchte ich Stimmen zu erhaschen, die schon lange geschwiegen hatten. Wahrscheinlich war das die Zeit, in der ich anfing, was mißbilligende Erwachsene „Geschichten erfinden“ nannten. Ich erzählte sie meinen zwei jüngeren Geschwistern, meinen Klassenkameraden und beging den Fehler, sie so zu erzählen, als hätte ich sie wirklich selbst erlebt.

Später war es das Haus, in dem mein Mann geboren war, und mehr noch als das Haus der Garten mit seinen alten Kastanien, mit dem Flüßchen und der Brücke, unter der die Schildkröte Auguste hauste, was meine Phantasie gefangennahm, nun schon bewußter aufs Gestalten gerichtet, obwohl es noch Jahre dauerte, bis sich der Eindruck in einem Buch niederschlug – und da war es dann schon Erinnerung geworden.

Es kam der Ebereschenhof dazu, der kleine Hof in der Rhön, mit seiner Ansammlung von Flüchtlingen, der uns aufnahm, als die Russen Thüringen besetzten, und der dann der Hintergrund für zwei meiner Nachkriegsbücher wurde.

Noch ein paar Jahre später war es das „Schloß an der Grenze“, das seinen Zauber auf mich ausübte, noch ehe ich es gesehen hatte. Im Herbst 48, kurz nach der Währungsreform, als wir Flüchtlinge so arm waren, daß wir verhungert wären, hätten wir nicht damals schon die ersten unschätzbaren Pakete unserer amerikanischen Freunde bekommen, las ich eine Zeitungsnotiz über dieses fränkische Schloß. Es wurde da von einer Schauspielertruppe berichtet, die der Krieg aus dem Osten und von den großen Bühnen Berlins nach Süddeutschland verschlagen hatte und die mit dem entwerteten Geld ihre Mieten in der kleinen Stadt nicht mehr bezahlen konnten, in der sie bis kurz vor dem Kriegsende gespielt hatten. Auch die Miete für den Saal, den sie für ihre Vorstellungen benutzt hatten, seit in den letzten Kriegswochen das Theater ausgebombt worden war, wurde unerschwinglich, als nur noch wenige Menschen das

Geld für einen Theaterplatz hatten. Auf ihrer Suche nach einer anderen Bleibe hatten sie das alte Schloß entdeckt, weit draußen auf dem Land, wo Fuchs und Hase sich gute Nacht sagen. Es war im Krieg ein Heim für aus den Städten verschickte Kinder, dann zwei Jahre lang eine amerikanische Kaserne gewesen und hatte seitdem leergestanden. Dabei war es von innen völlig „abgebaut" worden. Es gab damals ja nichts zu kaufen, nicht Tür noch Riegel, nicht Fenster noch Balken. So war denn allmählich alles Bewegliche verschwunden. Die Schauspieler hatten mit der Besitzerin verhandelt und waren mit ihr übereingekommen, daß sie, statt Miete zu zahlen, das alte Gemäuer wieder bewohnbar machen würden. Den Mauern selbst hatte zum Glück niemand etwas anhaben können; die standen noch fest und solide da. Und nun werkelten also die jungen Leute eifrig an den Vormittagen mit Hammer und Hobel, Säge, Glas und Fensterkitt; nachmittags fuhren sie mit einem Patriarchen von Lastwagen in der Gegend umher und spielten gutes, ja anspruchsvolles Theater für Bauern, Arbeiter und Kleinbürger.

Als ich die Zeitungsnotiz gelesen hatte, legte ich das Blatt auf den Tisch und sagte zu meinem Mann: „Da muß ich hin!" Er las selber, nickte verständnisvoll und fragte: „Muß es gleich sein?" Als ich Ja antwortete, nahmen wir den Atlas vor und suchten vergeblich das Dorf, zu dem das Schloß gehörte. Zum Glück war wenigstens auch ein nicht weit entferntes Städtchen genannt, das Eisenbahnverbindung hatte. Das heißt, es lag an einer Bahnstrecke und hatte einen Bahnhof, aber als wir uns auf unserem eigenen Bahnhof erkundigten, konnten wir die Verbindung nur bis zur letzten Umsteigestelle erfahren, wo ich dann wohl die Nacht in einem Wartesaal verbringen mußte. Es war wie gesagt, das Jahr des Herrn 1948, und die Eisenbahnverhältnisse in Deutschland noch ganz nachkriegsmäßig. Eine ziemlich aussichtslose Sache also, aber Ben erbarmte sich und sagte: „Ich werde dich hinfahren."

Wir hatten einen ehrwürdigen Horch aus der Ostzone mitgebracht, und nachdem die auch nicht ganz einfache Angelegenheit mit dem Treibstoff geregelt war, was nur gelang, weil mein Mann eine Geschäftsfahrt mit meinem hinterfränkischen Abenteuer verband, fuhren wir an einem trüben Oktobermorgen los, und unsere Vorstellungen von Weg und Ziel der Fahrt waren nicht weniger nebelhaft als der trübe Tag. Nach wenigen Stunden schon fanden wir uns auf Nebenstraßen, die um so holpriger wurden, je mehr wir uns dem unbestimmten Ziel näherten. Da sie offenbar strategisch nicht von Bedeutung waren, hatte sich seit Olims Zeiten niemand mehr um die Instandhaltung Kopfzerbrechen gemacht. Für die Mist- und Heufuhren der umliegenden Bauerndörfer genügten sie auch so. Nach mehreren Fragen an wenig mitteilsame und noch weniger präzise Eingeborene der wilden Gegend gelangten wir auf mancherlei Umwegen endlich zu Dorf und Schloß, und Ben setzte mich an der Steinbrücke ab, die über den ehemaligen Burggraben führte. Zum Glück durfte er keine Zeit verlieren, wollte er vor Dunkelheit noch auf die Straße nach München kommen, sonst hätte er sich vielleicht doch nicht überreden lassen, daß alles in bester Ordnung sei und daß er mich auf der Rückfahrt nicht wieder abzuholen brauche. Ich versicherte ihm, ich würde schon „irgendwie" zur nächsten Eisenbahnstation und von dort wieder nach Hause kommen, das heißt in das Städtchen und die beiden Flüchtlingszimmer, die wir damals „zu Hause" nannten. Im alleräußersten Notfall, beruhigte ich den doch recht bedenklichen Ben, gäbe es sicher im Dorf ein Telefon, mit dem ich ihn immer noch zu Hilfe rufen könne, wenn die Dinge sich nicht ganz so anließen, wie ich es bestimmt erwartete.

Ein wenig später stand ich in dem romantischen Innenhof, in dem in meinem späteren Buch ein Mädchen namens Leni Winkelberg stehen würde, von deren Existenz ich fünf Minuten vorher noch nichts geahnt hatte. In diesem Augenblick erst begann sich die verschwommene Linie einer Geschichte in meinem Kopf zu formen. Es war nicht schwer, sich vorzustellen, was ein Mädchen empfinden würde, das zum erstenmal in diesem Innenhof stand und von der Idee besessen war, Schauspielerin zu werden. Sie mußte genauso dem Zauber verfallen wie ich jetzt. Niemand brauchte ihr zu sagen, daß der Balkon, der wie ein Schwalbennest an einer der hohen Steinmauern hing, Julias Balkon war, und was lag näher, als daß diese Leni hingerissen Julias Worte flüstern würde: „Schlaf wohn auf deinem Aug, Fried in der Brust. Oh, wär' ich Fried und Schlaf und ruht' in solcher Lust." Leni Winkelberg mußte wissen, daß sich ihr Traum, Schauspielerin zu werden wie einst ihre Mutter, erfüllen würde; ebenso wie ich wußte, daß ich ein Buch schreiben würde über das Mädchen und das Schloß, an das ich vorher nie gedacht hatte. Der genius loci oder vielleicht Apollo selber hatte uns angerührt, und wir beide, Leni und ich, antworteten: Ja!

Die Gruppe von jungen Menschen nahm mich gastfrei auf. Ich blieb zehn wunderbare, aufregende Tage bei ihnen, meist mit knurrendem Magen und verfroren bis in die Knochen, denn schon hatte die Kälte der Herbstnächte die dicken Mauern durchdrungen. Ich hörte bei ihren Proben zu, fuhr täglich mit ihnen unter der Planke des alten LKW in eins der benachbarten Dörfer, half die Kulissen aufstellen, sah ihre hervorragenden Aufführungen und kam mit ihnen erst spät in der Nacht ins Schloß zurück – todmüde, aber glücklich.

Wie ich Ben versprochen hatte, fand ich „irgendwie" den Weg zu ihm zurück, auch wenn es mich zwei volle Tage und eine elende Nacht in einem eiskalten, verbombten Wartesaal kostete, in dem ich schlaflos auf meinem Handkoffer saß.

Und jetzt zu dem westdeutschen Städtchen an der Lahn, in dem mein Vater und seine Geschwister vor hundert Jahren aufwuchsen. Schon zweimal hatte ich angefangen, ein Buch über das Jahr 1866 zu schreiben, in dem die Preußen das kleine Herzogtum Nassau eroberten, wo mein Großvater Amtmann war. Es war beide Male bei dem Versuch geblieben; das Geschriebene hatte jedesmal im Kaminfeuer geendet. Aber als ich im Sommer 61 auf der Rückreise vom Fernen Osten nach Deutschland kam, beschloß ich, Limburg zu besuchen, wo ich nur in meiner frühen Jugend einmal drei Tage gewesen war. Ich wollte herausfinden, ob der Ort mir etwas zu sagen hatte, oder ob ich meinen Plan für das Buch ganz aufgeben mußte. So kam ich denn im Spätsommer in das Städtchen, an das ich kaum eine Erinnerung bewahrte und in dem ich keine Menschenseele mehr kannte.

Dennoch fand ich mich bald zurecht, denn aus den Schilderungen meines Vaters und seiner Geschwister war mir alles dort so vertraut, wie man sich an eine Stadt in Träumen erinnert.

Immer noch hoffte ich, das Buch endlich schreiben zu können; ein Buch über das fröhliche, bis zum Bersten mit Leben gefüllte Haus, in dem die sechs Kinder aufwuchsen zu einer Zeit, in der das Leben noch einfach und nicht so bedroht war, wie es heute ist. Aber das Bild in mir hatte noch keine feste Form; ich mußte abwarten, ob die Stadt selbst den Vorhang lüften würde.

Am ersten Tag machte ich mich gleich morgens auf die Beine und ging zu dem im Jahre 1777 erbauten Amtshaus zu Füßen des siebentürmigen Domes auf dem grauen Felsen, in dem die Brüder ihre geheime Höhle gehabt hatten. Die Familie wohnte damals in den beiden geräumigen Stockwerken über den Amtsräumen. Jetzt waren städtische Behörden in dem Haus untergebracht. Ein einsamer Beamter, der an seinem Pult ein Wurstbrötchen verzehrte und eine Flasche Bier dazu trank – alle seine Kollegen schienen entweder in Ferien oder zum Mittagessen zu Hause zu sein –, freute sich anscheinend, eine Ansprache zu finden, und führte mich bereitwillig durchs ganze Haus, in dem ich jedes Zimmer zu erkennen glaubte. Dann ließ er mich allein in den Garten gehen. Auf der

Terrasse unter dem Domfelsen stand noch die alte Akazie, in deren Schatten die Großmutter ihr Kränzchen gehalten hatte. Der Fluß zog wie einst ohne Eile dahin, die Wellchen gluckten leise auf dem Ufersand, und ich saß eine Weile und ließ mir von dem murmelnden Wasser Geschichten erzählen. Später kletterte ich die steile Gasse zum Dom hinauf, denselben Weg, den mein Vater und seine Brüder einst frühmorgens abwechselnd gingen, um die Angelusglocke zu läuten und im Dom bei der Frühmesse zu dienen. Im Winter war es dann noch stockdunkel. Die Straße führte an der Friedhofsmauer entlang; da mag den Buben oft eine Gänsehaut den Rücken hinuntergelaufen sein, wenn die Nebel vom Fluß ihren Gespenster-reigen um die Grabsteine tanzten. Aber, so hat mir mein Vater versichert, es war Ehrensache, den Weg nicht laufend, sondern mit männlich festen, wenn auch vielleicht etwas beschleunigten Schritten zurückzulegen.

Der Dom war offen. Ich ging umher und suchte nach dem Wappen, das mein Vater und sein Vater vor ihm im Siegelring getragen hatten. Es war mir gesagt worden, es wäre in einem der bunten Fenster, das die Familie eines mit den Isberts verwandten Domherren gestiftet hatte. Ich fand es nicht, und auch der Küster in seinem langen, schwarzen Rock mit roter Stickerei konnte mir keine Auskunft geben. Indessen gab er mir die Adresse eines alten Limburgers, der Limburgensien sammelte und unten in der Stadt auf dem großen Platz gegenüber dem Bischofspalais wohnte. Und nun setzte eine Kettenreaktion ein; ich brauchte nichts mehr zu tun, als mich von einer Hand in die andere weitergeben zu lassen. Zunächst kam ich in eins der ältesten Häuser Limburgs, ein dreieckiges Eckhaus mit dem Namen des Erbauers und der Jahreszahl fünfzehnhundert so-und-soviel über der Tür. Es hatte vier Stockwerke und in jedem Stockwerk ein Zimmer. Von der Straße aus betrat man die dunkle Diele mit den schweren Schränken, stieg eine schmale Treppe hinauf, die so steil wie eine Hühnerleiter war und in den ersten Stock führte. Da die Haustür beim Öffnen eine Glocke in Bewegung gesetzt hatte, begrüßte mich von oben eine ältere Frau und führte mich in die Wohnküche, wo ihr Vater, dessen Urahn das Haus gebaut hatte, den größten Teil des Tages verbrachte. Die Familie hatte den an Goethe erinnernden Namen Brion, aber ob sie mit Friederike verwandt waren, konnte ich nicht feststellen. Des Vaters Schlafzimmer lag im zweiten Stock, das Zimmer der beiden unverheirateten Schwestern im dritten. Der alte Herr war freundlich, aber so taub, daß die Verständigung schwer war. Nachdem er mir einiges aus seiner Sammlung gezeigt und auch ein wenig dazu erzählt hatte, schlug die Tochter vor, ich solle doch zum Uhrmacher Mehlhaus gehen, der in der Grabenstraße wohne und noch besser über die alten Zeiten unterrichtet sei als ihr Vater. Sie erbot sich, mir den Weg zu zeigen. Und während wir zusammen durch die Gassen gingen, erzählte sie mir, der fast neunzigjährige Herr Mehlhaus habe seine beiden Söhne im Ersten, die Enkel im Zweiten Weltkrieg verloren. Ein Großneffe führe jetzt Laden und Werkstatt, aber der alte Herr wohne noch in dem Haus, in dem er geboren war, und die jungen Leute sorgten für ihn.

Als ich Herrn Mehlhaus meinen Mädchennamen nannte, begrüßte er mich fast wie ein Familienmitglied. „Besuch aus Amerika!" rief er, und eine hübsche junge Frau erschien in dem kleinen Zimmer hinter dem Laden, schüttelte mir die Hand und ging dann in die Küche, um Tee aufzubrühen. Als sie ihn hereinbrachte, stand auf dem Tablett ein Teller mit Zwetschenkuchen; es war ja Zwetschenzeit, der Duft des spätsommerlichen Gebäcks war mir heute schon mehr als einmal in die Nase gestiegen. „Ich wette, den kriegen Sie nicht in Amerika", sagte die junge Frau, und ich antwortete: „*Solchen* Zwetschenkuchen jedenfalls nicht." Und dann saßen der alte Herr Mehlhaus und ich beieinander und schwatzten. Er holte einen Stoß ordentlich gebundener Zeitungen herbei, und gleich in der ersten fanden wir amtliche Verordnungen, die mein Großvater unterzeichnet hatte, daneben aber auch die Fleisch- und Eierpreise, bei denen einer modernen Hausfrau die Augen übergehen konnten. Herr Mehlhaus konnte auch meine Frage beantworten, wann die erste Eisenbahn zwischen Gießen und Ehrenbreitstein gefahren war und wann die ersten Dampfschiffe auf dem Rhein. Dabei erinnerte ich mich dann wieder an meinen Urgroßvater Ippel, den Kronenwirt in Biebrich am Rhein, der täglich an der Anlegebrücke des Dampfers die ankommenden Gäste begrüßte, aber um die Welt nicht selbst je so ein dampfendes Unding bestiegen hätte. Diese Geschichte, die ich nur aus Erzählungen alter Tanten kannte, erzählte ich nun Herrn Mehlhaus, um auch etwas zur Unterhaltung beizutragen. Wir fanden kein Ende. Wie unbezahlbar sind doch solche alten Leute, die noch etwas wissen vom Wert der Tradition! Nur eine Frage konnte auch er mir nicht beantworten: die nach dem Wappen im Dom. „Aber warten Sie“, sagte er beim Abschied, „es wohnt doch noch jemand Ihres Namens in der Stadt, nicht weit von hier, auch in der Grabenstraße. Ein Fräulein Paula Isbert, deren Schwester gestern gestorben ist; die Anzeige stand im

Blättchen. Gehn Sie doch mal hin, sie wird sich sicher freuen, Sie zu sehen."

Und nun fiel mir ein, daß ich vor ungefähr dreißig Jahren ein paar Briefe mit dieser Schwester gewechselt hatte, die eine Fundgrube für Familiengeschichte gewesen war. Sie wohnte damals, als ihr Mann noch lebte, in Wiesbaden, und nun war ich also genau rechtzeitig zu ihrer Beerdigung gekommen. Die Schwestern waren meine Basen um etliche Ecken; die Existenz der zweiten hatte ich ganz vergessen. Trotzdem wurde ich herzlich, wenn auch traurig, von ihr begrüßt; dann machte sie mich mit dem Pfarrer, ebenfalls einem entfernten Verwandten, bekannt, der am nächsten Tag das Totenamt halten sollte. Es stellte sich heraus, daß sein Steckenpferd Familiengeschichte war.

An diesem Abend ging ich in dem wohlbekannten Gefühl schlafen, mich in einer Art Trance zu befinden. Die Vergangenheit hatte angefangen, sich wie ein Garnknäuel aufzurollen; ich brauchte nur dem Faden zu folgen.

Nach dem Totenamt am nächsten Morgen führte mich der Herr Pfarrer durch den Dom, aber als ich ihn nach dem Wappen fragte, stellte sich heraus, daß auch er nichts davon wußte. Ich erklärte ihm, es sei durch die Frau meines Ururgroßvaters in die Familie gekommen, deren Onkel ein Kanonikus Knodt gewesen war. Wir sahen sämtliche Fenster noch einmal an, fanden aber nichts. Als er mich schließlich in den hohen Chor führte, um mir die geschnitzten Sitze der Domkapitulare zu zeigen, entdeckte ich das Wappen plötzlich über dem zweiten Platz auf der rechten Seite: die zwei gekreuzten Lanzen mit ihren Fähnchen, zusammengehalten von einem *Knoten,* und in jedem der vier Felder einen Ring. „Und da mußten Sie also von Amerika herüberkommen, um mir altem Nassauer das zu zeigen!" sagte der geistliche Herr kopfschüttelnd. „Monsignore Knodt, natürlich, da haben wir ja den Knoten! Ihr Schutzengel muß sie geführt haben." Ich hatte eigentlich eher an den genius loci gedacht, aber wahrscheinlich hatte in der christlichen Kirche ein Engel die Rolle des alten Heidengeistes übernommen. Jedenfalls kaufte ich eine Kerze bei der dikken Frau, die am Portal Devotionalien feilhielt, und zündete sie dankbar dem Unbekannten Engel an.

Als ich von dieser Reise nach Santa Barbara zurückkam, fing ich mein Limburger Buch zum drittenmal an, und diesmal wurde es wirklich fertiggeschrieben, obwohl ich noch fast zwei Jahre dazu brauchte. Es heißt „Unter dem Sichelmond".

Das sind alles nur ein paar von den unerwarteten Hilfen, die wir erfahren, wenn wir uns ehrlich bemüht haben in dem nie endenden Kampf um das Wesentliche. Für jeden, ob er nun eine kurze Familiengeschichte für Kinder und Enkel schreibt oder ein Buch, kommt es auf dasselbe heraus: die immerwährende Anstrengung, zu vollbringen, was möglich ist. Nicht *das Beste* vielleicht, denn das ist ein nur von wenigen erreichtes Ziel, aber *unser Bestes,* so bescheiden es sein mag. Die sauber genähte Naht, die gut gepflügte Furche, die klar und wahr geschriebene Zeile – damit müssen wir uns zufrieden geben.

IX

AUS DEM REISETAGEBUCH

Vorspiel in Deutschland

Ein Jahr reisen, ein Jahr in dem Land bleiben, in dem ich nun schon seit siebzehn Jahren lebe, und das ich noch viel zu wenig kenne; – so habe ich es gehalten, seit ich allein bin. Das Jahr 1966 war wieder ein Fernreisejahr.

Zuerst ein Besuch in Berkeley bei den Freunden, die schon seit einem halben Jahrhundert zu meinem Leben gehören. An dem großen Fenster ihres Wohnzimmers sehe ich immer noch Bens Silhouette stehen, der diesen Blick über die Bucht nach San Francisco so liebte. Da stehen die Hochhäuser der großen Stadt, hinter ihnen die Uferberge. Wenn die Tausende von Fenstern in der Dämmerung aufleuchten, wenn die Baybridge im Abenddunst verblaßt, die Golden Gate Bridge in der Ferne wie mit dem Silberstift hingezeichnet steht und beide sich mit den Girlanden ihrer Lichter schmücken, dann kann man sich nichts Schöneres denken, wie viele berühmte Landschaften man auch schon in der Welt gesehen hat.

Wenige Tage später flog ich, mit einer Zwischenlandung in Montreal – für nur Durchreisende der wohl ungastlichste Flugplatz der Welt –, zu Schwester und Schwager in meine Vaterstadt Frankfurt. Dort blieb ich diesmal nicht lange, weil wir uns schon für Ende August in Badenweiler zur Kur angemeldet hatten. Die Wochen dort – und dann wieder ein paar Tage in Frankfurt – waren noch einmal ein Altweibersommer, wie ich ihn mir gewünscht hatte. Doch mit dem Oktober setzte schon deutlich der Herbst ein, und es war Zeit für mich, in den brasilianischen Frühling zu fliegen.

Auf dem Flug nach Rio gab es nur eine Zwischenlandung in Dakar an der äußersten Westspitze Afrikas. Da setzte ich zum erstenmal meine Füße auf afrikanischen Boden, auf diesen Erdteil, den man in meiner Museumszeit noch den dunklen nannte. Was ich in der schwülen Tropennacht auf dem Flugplatz von Dakar dachte und erlebte, füllt ein paar Seiten meines Tagebuchs. Jedenfalls waren die zwei Stunden dort so bunt und voller Leben wie der Aufenthalt in Montreal nüchtern und ungastlich.

In aller Frühe am nächsten Morgen weckte uns die Stewardeß zum Frühstück, damit wir die berühmt schöne Hafeneinfahrt von Rio wenigstens von oben sehen könnten. Aber der Tag war trübe, wolkenverhangen, man sah nur ein paar der spitzen Kegelberge aus dem Nebel ragen.

Rio de Janeiro

Wir landeten um 6.20 Uhr örtlicher Zeit. Zum Glück war die Gräfin Bassewitz vom deutschen Reisebüro am Flugplatz und schleuste mich durch den Zoll. Ich brauchte keinen meiner Koffer aufzumachen. Mit einer großzügigen Geste wurde mir bedeutet, daß alles erledigt sei. Da lernte ich gleich eine brasilianische Einrichtung kennen, von der ich schon gehört hatte: das Jeito. Übersetzen läßt sich das Wort nicht. Es ist keine Bestechung, es ist einfach Menschenfreundlichkeit. Wer wird denn einer guten Bekannten, wie der Gräfin, und in diesem Falle mir, ihrem Schützling, Umstände oder gar Schwierigkeiten machen? Eine kleine Umgehung von Vorschriften, warum denn nicht? Zumal Frauen gegenüber ist jeder Beamte zum Jeito bereit. Eine charmante, echt brasilianische Einrichtung. Dieses Land hat selbst Grenzschwierigkeiten mit Nachbarländern auf friedlichem Wege geregelt, und die Befreiung der Negersklaven geschah ohne Aufruhr, ohne Blutvergießen. Daß ihr Cruzeiro in der Welt kaum mehr etwas gilt, stört die Brasilianer nicht. Brasilien ist ein Land der Improvisationen. Das verblüffendste Beispiel: die mitten im Urwald erbaute neue Hauptstadt Brasilia. Nur keine festgelegte Ordnung, nur keine starren Prinzipien. Das ist dem Fremden oft schwer begreiflich. Wenn man es erst akzeptiert hat, erweist es sich als liebenswürdige Erleichterung des Daseins.

Mein Hotel ist von außen tipptopp modernisiert, die Eingangshalle glänzt von Marmor und polierten Hölzern. Mein Zimmer ist sauber und hübsch, aber schon weniger modern, und am Badezimmer scheint die Renovierung spurlos vorübergegangen zu sein. Ich möchte gerne ein warmes Bad nehmen und dann eine Stunde schlafen. Aber der warme Hahn gibt keinen Tropfen von sich. Ich rufe das Büro an, und man sagt mir, die warme Leitung sei leider gestört. Man bittet um paciencia, morgen werde gewiß alles wieder in Ordnung sein. Paciencia ist eine der wichtigsten brasilianischen Tugenden; der größte Gegensatz zur amerikanischen Hast – obwohl man die Amerikaner als Touristen und auch als politische Freunde und großzügige Geldleiher schätzt.

Ich ruhe mich aus und rufe dann das Collegio Santo Amaro an, eine große Klosterschule, deren Oberin meine Nichte Maria ist. Ja, ich soll so bald und so lange wie möglich kommen. Jeder Chauffeur kenne das Kloster. Dort angekommen, melde ich mich bei der Pförtnerin. Maria wird benachrichtigt und eilt herbei. Hier ist sie, die „Exma Superiora", Schwester Maria Sigrun; eine große, schlanke Frau mit intelligentem Gesicht und warmen braunen Augen; eine elegante Erscheinung in ihrem schwarzen Habit, der weißen Haube und dem wallenden Schleier. Sie hat, wie bei der Tochter meines Vetters Karl nicht anders zu erwarten, die Bewegungen einer Dame. Ich werde in ein kleines Empfangszimmer geführt, und gleich wird mir der kohlschwarze brasilianische Kaffee serviert, zu dem man viel Zucker nehmen muß. Dazu gibt es Gebäck aus der Klosterküche. Maria ißt und trinkt nichts, sie hat bereits in der Klausur Kaffee getrunken. Wir betrachten einander gründlich, während wir die ersten Fragen stellen und beantworten. Da Karls Töchter in Schlesien aufwuchsen, wo er während des Dritten Reiches Kameraldirektor des Fürstbischofs von Breslau war (er hatte als preußischer Oberforstmeister seinen Abschied genommen, da er sich weigerte, Parteimitglied zu werden), haben Maria und ich uns noch nie gesehen. Im Laufe unseres sofort ganz vertrauten Gesprächs frage ich sie, ob sie denn wirklich glücklich sei. Sie antwortet: „Ich möchte mit niemand auf der Welt tauschen." Ich bringe ihr die Grüße ihres Vaters und erzähle ihr von seinen vielen Reisen, da er selbst kein großer Briefschreiber zu sein scheint.

Wir sitzen bei weitoffener Tür, und so oft draußen eine Schwester vorbeigeht und neugierig hereinschaut (auch Nonnen sind neugierig!), wird sie von der Oberin hereingerufen, um mir Guten Tag zu sagen. Unter ihren dreiunddreißig „Töchtern" sind sechzehn ehemalige Deutsche, sechzehn geborene Brasilianerinnen, eine Nordamerikanerin, die sich freut, mit mir englisch sprechen zu können. Am meisten freuen sich natürlich die Deutschen über den Besuch aus der alten Heimat, und nach und nach kommen alle, auch die Brasilianerinnen, zu uns herein. Sie haben sich mit ihrer Oberin auf den Besuch „unserer Tante" gefreut und meinen Flug mit ihren Gebeten begleitet. Von nun an, so versichern sie mir, würde ich immer in ihre Gebete eingeschlossen. – So kann man unversehens zu dreiunddreißig Nichten kommen!

Als ich mich gegen Abend verabschieden will, lädt mich Maria ein, in der Kapelle die Vesper zu hören. Sie wird hier in der benediktinischen Tradition der mönchischen Stundengebete gemeinschaftlich a capella gesungen. Wenn ich mich recht erinnere, sagte mir Maria, daß sie in ihrem Kloster den alten Brauch wieder eingeführt habe, beraten von einem der Benediktiner-Mönche, die in Santo Amaro die Seelsorge ausüben.

Da sitze ich nun, das Weltkind, allein unten in der dämmerigen Kapelle, und vom Orgelchor herunter tönen die Stimmen der alten und jungen Schwestern so fromm und rein auf mich herab, daß ich mich in den Frieden einbezogen fühle, von dem es heißt, daß er über aller Vernunft ist.

Was es in Rio de Janeiro alles zu sehen gibt, kann jeder im Reiseführer nachlesen. Ich will nur versuchen, über meine ganz persönlichen Eindrücke und das, „was nicht im Baedeker steht", ein paar Randbemerkungen zu machen und dabei vorweg sagen, daß ein Neuankömmling in diesem Land, das so ganz anders als Nordamerika und Europa ist und fast ebenso verschieden von allen anderen südamerikanischen Ländern, keinen Anspruch auf völlige Korrektheit der Aussage machen kann.

Die Bewohner von Rio, dieser glitzernden, verwirrenden Stadt, die seit der Erbauung von Brasilia nicht mehr Hauptstadt des Landes ist, erklären darum vielleicht noch leidenschaftlicher als früher jedem Gast, dieses Rio de Janeiro, *ihre Stadt*, sei die schönste Stadt der Welt. Das ist wie ein Glaubenssatz, und die Delicadeza, wie die Paciencia eine der unerläßlichen brasilianischen Tugenden, verlangt, daß man dem nicht widerspricht. Tatsächlich ist es eine faszinierende Stadt, aber das ist auch Hongkong und San Francisco, jede auf ihre besondere Weise, und diese drei sind wohl wirklich die schönsten Städte der Welt. Das auszusprechen, wäre eine Taktlosigkeit, ein Mangel an Feingefühl. Die Delicadeza verlangt, daß man andere Meinungen gelten läßt und einen Gesprächspartner nicht vor den Kopf stößt. Täte man es, wäre man als Barbar abgestempelt.

Brasilien ist ein katholisches Land. Das hindert aber nicht, daß Tausende von Menschen aller Schichten den von der Kirche mit Exkommunikation bedrohten Kulthandlungen der Macumbabruderschaften oder einer der spiritistischen Sitzungen beiwohnen, die bei Gebildeten und Ungebildeten großen Zuspruch finden. Es soll unzählige dieser spiritistischen Sekten geben. In gewissen Apotheken, so versicherte man mir, werden nur von Geistern diktierte Rezepte angefertigt. Auch aufgeklärte Geschäftsleute befragten die Espiritos bei wichtigen Entscheidungen. Ärzte setzten sich vor schwierigen Operationen mit den Geistern verstorbener Kapazitäten in Verbindung; selbst Regierungsbeamte erbäten Ratschläge aus der Geisterwelt. Nicht nur die Ungebildeten glauben an Medien, Gesundbeterinnen, schwarze und weiße Magie. Deswegen halten sich aber doch alle diese Gläubigen der okkulten Vereine nach wie vor auch für gläubige Christen, und gehen, ob exkommuniziert oder nicht, sonntags brav in die Messe. Was übrigens das Christentum betrifft – gibt es denn nicht auch bei uns vieles, was sich nicht damit verträgt?

Diese Gegensätzlichkeit spürt man auf allen Gebieten. In der brasilianischen Rassenmischung stecken immer noch die Elemente des afrikanischen Fetischmannes und des indianischen Zauberpriesters, die sich mit der Erbschaft aus portugiesischem Blut durchaus vertragen. Ricardo Rojas schreibt in seiner „Indologie", gerade diese Rassenmischung sei die große Hoffnung Brasiliens, der Beginn eines stärkeren Geschlechts, die Brücke zu einer Rasse der Zukunft. Wer mehr darüber wissen möchte, lese nur Bruno Mosers Buch „Die schwarze Mutter von Sao Paulo".

Auch in äußeren Dingen wird das Gegensätzliche und die hier übliche Improvisation als selbstverständlich hingenommen. Da stehen etwa zwischen den luxuriösen Hotelpalästen der Strandstraßen ganz selbstbewußt noch einzelne bescheidene alte Häuschen im Kolonialstil. Oder es liegt zwischen den eleganten Hochhäusern ein vergessenes Gärtchen, überwuchert von tropischen Pflanzen und nicht weit davon die Favelas, die Elendsquartiere der Armen.

Einmal suchte ich verzweifelt einen Briefkasten. Die gibt es aber in Brasilien nicht. Man könne doch nie wissen, ob und wann einer ausgeleert werde, sagt man mir auf meine Frage. Es sei sicherer, die Briefe selbst aufs Postamt zu bringen oder sie dem Hotelportier zu geben.

Die deutsche Führerin, die mir das Reisebüro zur Begleitung in der fremdsprachigen Stadt geschickt hat, ahnte nicht, daß ich zweimal abends, nachdem ich sie verabschiedet hatte, noch allein umherbummelte. Ich konnte freilich auch von meinem Hotelfenster sehen, daß Rio eine Abendschönheit ist, aber ich wollte das in größerer Nähe ergründen. Am Abend rollen die weißen Wellenkämme wie Rüschen blasser Spitzen über den goldenen Sand. Der Corcovado mit seiner riesigen Christusfigur, die segnend die Arme über der Stadt ausbreitet, der Zuckerhut und all die anderen barocken Bergformen der Bucht stehen dunkelbau in der Dämmerung. Zwischen ziehenden Wolken steigen die südlichen Sternbilder herauf, und die Stadt fängt an, mit der Juwelenkette ihrer Lichter zu prahlen. Dann, wenn man die Einzelheiten nicht mehr so deutlich sieht, hat sie ihre betörendste Stunde – wie eine nicht mehr ganz junge Frau, die ihre Falten und Linien mit etwas Puder bedeckt und sich für den Abend herausputzt.

Wie ich in Wolken angekommen bin, fliege ich auch bei bedecktem Himmel wieder ab. Meine Führerin, die eine Vorliebe für Superlative hat, versichert mir, daß die Flugstrecke von Rio nach Sao Paulo, die Küste mit ihren großen Bergketten entlang, immer vom Meer begleitet, die schönste der Welt sei. Sie hat mir auch den Botanischen

Garten von Rio als den schönsten der Welt gepriesen, aber ich muß sagen, daß er sich mit dem unseren in Santa Barbara nicht messen kann. Ich schweige dazu: Delicadeza.

Sao Paulo

Von dem schönsten Flug der Welt sehe ich leider nichts. Alles ist teils von Nebel, teils von Regenschleiern verhüllt. Am Flugplatz in Sao Paulo stehen die Freunde aus Paraná, die zu meinem Empfang in die Stadt gekommen sind, unter ihren Regenschirmen; zusammen mit Dr. Herbert und Donna Gertrud Stettiner, den Freunden meiner alten Freunde. Sie wollen mich vom Himmel gefallenen Fremdling für eine ganze Woche in ihrem schönen Heim beherbergen. Wir fahren alle zusammen zu ihnen nach Hause, und nach einem fröhlichen Abendessen mit gutem Wein und guten Gesprächen bin ich schon keine Fremde mehr.

Nun wird es Zeit, zu erklären, was der äußere Anlaß dieser Südamerikareise war. Zunächst natürlich die Einladung der Freunde auf ihre Kaffeeplantage im Staate Paraná. Aber es mußte ja auch ein beruflicher Grund gefunden werden. Nur dann nämlich ist man berechtigt, die Reisekosten, wenigstens zum Teil, von der Steuer abzuziehen. Durch Vermittlung der Freunde erhielt ich eine Einladung des Goethehauses von Sao Paulo, dort aus meinen Büchern, besonders aus „Abenteuer des Alterns", vorzulesen. Und auch in Rolandia, dem Landstädtchen, um das sich die Kaffeeplantagen vieler deutscher Siedler scharen, sollte ich in der kulturellen deutschen Vereinigung „Pro Arte" lesen. Brasilien hatte mich schon gelockt, seit ich in meinen Museumsjahren das schöne Buch von Karl von den Steinen über die Bororo-Indianer des Amazonasgebiets gelesen hatte. An den Amazonas kam ich zwar nicht, und in meinem Alter hätte ich wohl kaum das Klima dort ausgehalten. Aber Brasilien, eines meiner Wunschländer, sollte ich so spät doch noch ein wenig kennenlernen.

Nach Rio war nun Sao Paulo an der Reihe, die riesige Industriestadt in den Küstenbergen, oberhalb des Kaffeehafens Santos. Bei Stettiners war ich so gut aufgehoben wie nur möglich. Dankbar genoß ich des Hausherren kluge, stille Art und die mütterliche Fürsorge von Donna Gertrud, die nach schwerem Beginn in dem fremden Land nicht nur die eigene junge Familie aufgezogen hatte, sondern etwas später mit ihrem Mann zusammen seine und ihre Eltern aus Deutschland nachkommen ließ. Sie gründete eine kleine Pension, die jetzt noch im Betrieb ist und in all den Jahren zusammen mit der Arbeit Dr. Herberts als Chemiker an der Universität und in der Industrie zum Unterhalt der großen Familie beitrug. Die ältere Generation lebte zur Zeit meines Besuches schon nicht mehr, und nun wurde ich als Angehörige dieser Generation in den Kreis der Familie aufgenommen und verwöhnt.

Alles Schöne und Interessante in der näheren Umgebung der Stadt, darunter auch die Schlangenfarm Butantan, zeigte uns Donna Gertrud, und an meinem letzten Wochenende nahmen mich die Gastfreunde mit in ihr Ferienhaus auf der Insel Guaruja. Als wir den kochenden Verkehr der Stadt hinter uns hatten, kamen wir schließlich auf die grandiose Gebirgsstraße, die von der siebenhundert Meter hoch gelegenen Stadt ans Meer hinunterführt. Was den Verkehr in Sao Paulo selbst betrifft, so mußte ich trotz Bekanntschaft mit vielen Großstädten in vielen Ländern dort noch Neues hinzulernen. Verkehrslichter gibt es in diesem Lande nur an den allerwichtigsten Straßenkreuzungen. Wahrscheinlich würden die freiheitliebenden Brasilianer sie als ärgerliche Beschränkung empfinden. Als Fußgänger wartet man am Straßenrand, bis der Verkehr einmal von selber stockt, dann muß man sich sofort heldenmütig mitten in das Gewühl der Wagen stürzen und versuchen, laufend, springend und sich zwischen den

Kühlerhauben hindurchwindend das rettende Ufer der anderen Straßenseite zu erreichen. Auch hier erweist sich die Liebenswürdigkeit der Brasilianer: sie nehmen Rücksicht. Es wird Delicadeza geübt, auch wenn manchmal ein mahnendes Hupen ertönt. Man merkt, daß sie nur höchst ungern den Fußgänger, der ja der Schwächere ist, an- oder überfahren möchten. Es soll tatsächlich in den Riesenstädten Rio und Sao Paulo weniger Verkehrsunfälle geben als in Städten gleicher Größe in Nordamerika und Europa.

Nach diesem Verkehr war die Insel ein wahres Paradies der Stille. Zwar sind auch dort schon ein paar Hochhäuser emporgeschossen, aber das kleine Haus der Freunde liegt schon außerhalb des einstigen Fischerdorfes. Der saubere Sandstrand vor ihrem Garten wird nur von heranrollenden Wellen, nicht von Menschenmengen überschwemmt, und die Aussicht auf Meer und Inseln ist noch unverdorben.

In Sao Paulo selbst gab es noch die erfreuliche Begegnung mit dem Direktor des Goethehauses, Dr. Noak, und seiner charmanten jungen Frau, die uns zum Mittagessen in ihrem originell-eleganten Haus eingeladen hatten. Er ist Archäologe, macht wunderbare Farbfotos und soll ausgezeichnete Vorlesungen halten. Leider konnte er zu meiner Lesung nicht in Sao Paulo sein, aber sein Vertreter,

Dr. Schmidt, führte mich ein und betreute mich aufs beste. Der Bibliothekssaal, in dem auch meine sämtlichen Bücher ausgestellt waren, füllte sich bis zum letzten Stehplatz, und die Mitglieder der deutschen Gemeinde von Sao Paulo erwiesen sich als dankbare Zuhörer. Etwa dreißig von ihnen kamen später noch mit zu einer Gesellschaft bei Stettiners, und ich genoß bis spät in die Nacht hinein lebhafte und interessante Gespräche mit wechselnden Partnern. In welch eine Fülle von tapfer gemeisterten Schicksalen durfte ich da Einblick gewinnen! Und wieder waren es die Älteren und die ganz Alten unter den Gästen, deren Liebenswürdigkeit, Haltung und Gelassenheit mich am tiefsten beeindruckten.

Als ich die Lesung hinter mir hatte, gab es wieder einen Abschied von Menschen, die mir lieb geworden waren. Dr. Max Hermann und Dr. Mathilde Maier, genannt Titti, nahmen mich nun mit auf ihre Fazenda im Staate Paraná, dem eigentlichen Ziel meines brasilianischen Aufenthaltes. Max hatte inzwischen schon meine Visa nach Peru und Mexiko und die Verlängerung meines Aufenthaltes in Brasilien besorgt und dabei alles ein wenig anders geregelt, als es von mir vorgesehen war. Aus den zwei Wochen, die ich für Paraná geplant hatte, waren hokuspokus mit brasilianischer schwarzer und weißer Magie und mit Hilfe einer geschickten Reiseagentin vier geworden. Für Peru und Mexiko blieb nicht mehr viel Zeit übrig, wenn ich zu Thanksgiving, dem amerikanischen Familienfest, wieder zu Hause sein wollte. Einen Einwand, der doch nichts mehr genutzt hätte, machte ich nicht. Im Land der Improvisationen muß man mit den Wölfen heulen und auch das Improvisieren lernen. Jedenfalls habe ich keinen Augenblick die Änderung meiner Pläne durch höhere Gewalt bereut, und so heißt denn auch der folgende Abschnitt

Glück im Urwald

Das Hochland von Paraná liegt im Inneren von Südbrasilien, etwas nördlich vom Wendekreis des Steinbocks, in einer Meereshöhe von siebenhundert Metern, die das subtropische Klima für Europäer erträglich und für Kaffeepflanzungen geeignet macht, wenn auch gelegentlich in den Wintermonaten die frostempfindlichen Kaffeebüsche gefährdet sind. Als im Jahre 1932 die ersten deutschen Siedler in die Gegend kamen, deren Zentrum jetzt das Städtchen Rolandia ist, war alles rundumher noch dichter Urwald. Das Land ist hügelig, von zahlreichen Wasserläufen durchzogen, die dunkelrote Urwalderde von verschwenderischer Fruchtbarkeit. Seit der Rodung gedeihen dort alle subtropischen Gewächse: Mais, Reis, Mandioka, Zitrusfrüchte, Ananas, Papayas und viele andere Obstarten; Zuckerrohr und Rami, eine Nesselart, die zu einer ähnlichen Faser verarbeitet wird wie Sisal. Schließlich der Kaffeebusch, der für die Siedler die Grundlage ihrer Existenz wurde und schon nach fünf Jahren gute Ernten brachte.

Als nach der Machtergreifung des Nationalsozialismus viele Deutsche aus politischen, rassischen oder religiösen Gründen ihr Vaterland verlassen mußten, ergab das einen wertvollen Zustrom neuer Siedler im Staate Paraná. Diese Immigranten der dreißiger Jahre kamen aus den verschiedensten Berufen, was der Siedlung von Rolandia ihren besonderen Charakter gibt. Es waren darunter Ärzte, Lehrer, Ingenieure, Handwerker, Landwirte, Wissenschaftler, der Leiter einer Weltfirma, Juristen vom Referendar bis zum ehemaligen Reichsfinanzminister. Fast alle hatten schon ein erfolgreiches Berufsleben oder jedenfalls eine gute Berufsausbildung hinter sich. Die meisten ließen eine ehemals gesicherte Existenz in Deutschland zurück, um ihr Leben noch einmal neu aufzubauen. Obwohl Rückschläge (etwa durch Frostschäden an den Kaffeepflanzungen) nicht ausblieben, gelang es ihnen, für sich, ihre Kinder und jetzt zum Teil schon für die Enkel mit harter Arbeit, Mut und Intelligenz eine neue Heimat zu schaffen.

Max und Titti verließen erst Ende des Jahres 1938 Deutschland, wo ihre Familien seit langem Erfolg und Ansehen genossen hatten. Sie hätten eigentlich schon viel früher gehen müssen, denn die Auswanderung wurde mit jedem Jahr schwieriger und das Leben in Deutschland für sie immer bedrohter. Aber sie waren beide in einer Familientradition aufgewachsen, in der die Verpflichtung den Mitmenschen gegenüber eine starke Bindung bedeutete. Sie blieben auch dann noch, als bereits jeder weitere Tag eine Lebensgefahr für sie wurde; denn sie hatten eine Aufgabe übernommen, der sie sich nicht entziehen konnten und wollten. Max, ein vielbeschäftigter Anwalt und Notar, hatte neben seiner beruflichen Tätigkeit die Beratungsstelle des Hilfsvereins für deutsche Juden in Frankfurt am Main geleitet. Solange er und seine Frau in dieser wichtigen Funktion noch tätig sein konnten, waren sie bereit, das Risiko, das mit einem längeren Verbleiben in dem Nazistaat verbunden war, auf sich zu nehmen.

In weiser Voraussicht hatten sie rechtzeitig auf legalem Wege durch eine englische Firma, die große Strecken im Urwald von Paraná gekauft hatte, dort Land erworben. Als es endlich so weit war, daß sie auswandern konnten, wurden sie an der holländischen Grenze noch einmal von der SS aus dem Zug geholt und vernommen. „Das hat uns den Abschied von Deutschland leicht gemacht", war das einzige, was Max darüber sagte.

Der Flug von Sao Paulo nach dem Flugplatz von Londrina dauert anderthalb Stunden. Von dem Städtchen Londrina stand vor fünfunddreißig Jahren noch kein Haus; jetzt ist es ein von Leben wimmelnder Ort mit vielen Hochhäusern, Schulen, Kirchen, Läden, Bankfilialen und einem Reisebüro. Eine Nachbarin der Freunde hatte uns ihren Wagen mit Fahrer an den Flugplatz geschickt, und auf der Fahrt von etwa vierzig Kilometern lernte ich gleich etwas von dem Land kennen, das zu meiner Überraschung, trotz der ganz verschiedenen Vegetation, an Thüringen erinnert. In Rolandia holte Max die Post in seinem Schließfach ab, denn Postbestellung auf die einzelnen Fazenden gibt es nicht. Bei der Weiterfahrt, gleich hinter dem Städtchen auf ungepflasterten, ungeteerten Straßen, entfaltete sich die Landschaft immer lieblicher. In sanften grünen Wellen ziehen die Höhen dahin, senken sich in die tiefeingegrabenen Flußniederungen und steigen jenseits wieder auf. Hier und dort unterbrechen dunkle Flecken stehengebliebenen Urwalds die weiten Flächen der Kaffeeplantagen. Der Staat Paraná hatte beim Landverkauf an die englische Gesellschaft zur Bedingung gemacht, daß von jeder Parzelle ein Stück Urwald ungerodet stehenbleiben mußte. Auf diese verständige Weise wurden der Wasserspiegel und der Reichtum an Flüssen und Quellen nicht gefährdet. Noch jetzt hat jede Fazenda mindestens eine eigene Quelle, die auch in trockenen Sommern nicht versiegt.

Nun waren wir schon auf dem etwa 1100 Morgen großen Gebiet der Fazenda Jaú (gesprochen Jahu und so genannt nach dem Flüßchen, das durch ihr Gelände fließt). Wir fuhren an einem der Arbeiterdörfchen mit freundlichen Holzhäusern vorbei, wo jede Familie ihr eigenes Gärtchen für Gemüse, Obst und Blumen hat. Im Zentrum der Fazenda liegen die Plätze zum Trocknen und die Maschinen zum Bearbeiten und Sortieren der geernteten Kaffeefrüchte. Außerdem hat jede Fazenda eine kleinere oder größere Rinderherde, um Facendeiras und Arbeiter mit Milch zu versorgen.

Vor dem langgestreckten einstöckigen Haus der Freunde war unsere Fahrt zu Ende. Zwei spitzähnliche Hunde empfingen uns mit fröhlichem Bellen; sie wurden mir als Susi und Puck vorgestellt. Auf der großen Veranda war schon der Mittagstisch gedeckt. Nachdem wir Gesicht und Hände von dem roten Staub der Landstraßen gereinigt hatten, trug Walli, das schweigsame Indianermädchen, die Mahlzeit auf. Walli betreut schon seit zehn Jahren Haus und Küche, als Nachfolgerin einer älteren, inzwischen verheirateten

Schwester. Vom Eßtisch schweift der Blick nach Osten über den Garten hin zu den langen Reihen oder vielmehr Karrees der Kaffeebüsche, nach Süden in die Flußsenkung und fernhin zu immer neuen grünen Hügeln und Feldern, unterbrochen von schwarzen Urwaldstrecken. Rundum an den Dachbalken der Veranda hängen mehr als ein Dutzend ehemaliger Medizingläschen mit Zuckerwasser und einem Trinkröhrchen als Futterstellen für die Kolibris. Der Betrieb ist so lebhaft wie in einer gutgehenden Wirtschaft. Die winzigen Gäste, seit vielen Jahren an das freundliche Verhalten der Menschen gewöhnt, fliegen ohne Scheu hin und her, oft dicht an unseren Köpfen vorbei. Titti hat mit wissenschaftlicher Gründlichkeit dreizehn verschiedene Sorten festgestellt, teils Dauergäste, teils Durchzügler. Zuweilen nehmen sie schnell ein Brausebad unter dem Springbrünnchen vor der Veranda, dann sprüht ihr Juwelenglanz noch strahlender, es ist ein Schillern und Leuchten von Smaragdgrün, Rubinrot und Saphirblau auf dem Grund von sanftem Grau oder Jetschwarz, daß man die Augen nicht wegwenden kann und fast das Essen darüber vergißt. Wir haben ja auch in Kalifornien einige Kolibrisorten, aber diese Fülle von Formen und Farben war mir neu.

Unsere lebhafte Unterhaltung störte die Kolibris nicht. Max und ich kannten uns ja schon aus der Zeit vor dem ersten Weltkrieg, als er noch Gymnasiast, sein älterer Bruder Hans schon werdender Jurist und einer der tonangebenden Leute in der kleinen Gruppe war, die wir den Lauftrupp nannten. Nach meiner Heirat 1917, als fast alle jungen Freunde an der Front waren und ich meinen Mann, der von seinem Kavallerieregiment zu den Fliegern hinübergewechselt hatte, auf allen Flugplätzen innerhalb Deutschlands begleitete, verlor ich viele der Frankfurter Freunde aus den Augen. Aber bei einem Besuch in Santa Barbara war das gute Einvernehmen mit Max gleich wieder hergestellt. Erst bei diesem Besuch lernte ich Titti kennen, und seitdem ist die briefliche Verbindung nicht wieder abgerissen. Schon damals luden sie mich zum Besuch auf der Fazenda Jaú ein. Die Einladung wurde 1965 wiederholt, zugleich mit der Aufforderung zu meinen Lesungen in Sao Paulo und Rolandia. Da wollte ich nicht mehr länger zögern. Im Alter kann man es sich nicht leisten, etwas aufzuschieben, was die Erfüllung eines langgehegten Wunschtraumes bedeutet.

An diesem ersten Tag wurde ich nach dem Essen in mein Zimmer gebracht, da wie bei mir auch in diesem Hause der Mittagsschlaf eine stehende Einrichtung ist. Die Wohnung für Gäste auf der Fazenda besteht aus zwei Zimmern, in jedem ein Büchergestell mit vielen alten Bekannten und auch neueren Werken, besonders über Brasilien. Mein Badezimmer ist über die Veranda zu erreichen. Es gibt darin eine Erdgastherme mit Brause über einem Lattenboden, durch dessen Zwischenräume das Wasser abläuft. Zuweilen kommt auf diesem Wege auch Besuch von draußen herein. Einmal war es eine sehr lange, schlanke Eidechse, dann wieder ein reizendes Fröschlein mit geschmackvoller Zeichnung in Grün, Beige und Braun. Da ich Frösche seit meiner Kindheit liebe, konnte ich der Versuchung, den abendlichen Gast in meine Hand zu nehmen, nicht widerstehen. Er aber wollte von meiner Liebe nichts wissen, sondern rettete sich mit großem Schwung ins WC-Becken und schwamm da umher. Es gelang mir nicht, ihn herauszufischen. Als ich dann Titti zu Hilfe rief, sagte sie: „Mach dir keine Sorge um den; wenn du die Wasserspülung benutzst, verschwindet er in der Tiefe, und du kannst sicher sein, daß er durch die Latten unter der Brause wieder heraufkommt.“ So geschah es auch.

Jeden Abend, wenn ich das Licht ausknipste, mußte ich im Dunkeln erst die dicken Käfer in meinem Zimmer einsammeln, die irgendwie durch Ritzen in den Fliegenfenstern hereingekommen waren. Ich setzte sie dann in den Garten hinaus, denn sie brummten so stark, daß es klang, als kreuzten Flieger über unserem Haus. Als ich eines

Abends eine schwarze Riesenspinne an der Wand des Badezimmers sitzen sah, war mir das bei aller Tierliebe doch etwas unbehaglich. Wieder konsultierte ich die Hausfrau, und sie erklärte mir, diese Spinnen seien nicht nur für Menschen harmlos, sondern man hätte sie *gern* im Haus als Insektenvertilger. Übrigens hatte uns der Leiter der Spinnenabteilung in Butantan gesagt, selbst das Gift der großen Vogelspinnen, wenn sie überhaupt einmal beißen, sei für den Menschen nicht gefährlich. Deswegen stellen sie im „Haus der Gifte" auch kein Serum dagegen her. Ein paar kleinere Sorten der Spinnen sind allerdings tödlich, vor allem die Schwarze Witwe, und noch gefährlicher einige Arten von Skorpionen. Es wurde mir geraten, immer vor dem Anziehen die Schuhe auszuschütteln. – Nicht gefährlich, aber unangenehm, ist eine winzige Fliegenart, die zu Tausenden umherschwirrt, wenn man im Freien sitzt. Leute, die schon länger hier gelebt haben, sind gegen ihren Biß immun, Neulinge bekommen davon wassergefüllte Blasen. Ich brachte eine solche Bißstelle mit heim, die noch monatelang juckte.

Giftschlangen scheinen in dem Hochland wenig vorzukommen, und auch von Termiten und den grauenhaften Raubameisen ist die Gegend verschont. Dagegen bemerkte ich eines Tages eine Schwellung am kleinen Zeh meines rechten Fußes, die über Nacht noch mehr anschwoll und ziemlich schmerzte. Am nächsten Tag entdeckte ich, daß sich unter dem Nagel ein schwarzer Kern gebildet hatte. Ich zeigte die Stelle Titti und war überrascht, daß sie einen Freudenschrei ausstieß: ein Sandfloh! Diese lieben Tierchen sind jetzt zu einer Seltenheit geworden, und nun hatte einer von ihnen seinen Eiersack unter meinem Zehennagel deponiert. Titti glühte sofort eine Nadel aus und grub das Zeug heraus; es durfte kein Rest übrigbleiben. Zur Ablenkung während der Operation wurde mir erzählt, die Mütter der Siedlerfamilien hätten jeden Abend bei ihren Kindern diese schmerzhafte Prozedur vornehmen müssen, was nie ohne Tränen abgegangen sei. Jetzt aber liegt die Rodung des Urwaldes schon so lange zurück, daß es kaum noch Sandflöhe gibt. Max, Walli, Antonio und alle Nachbarn bekamen die Sensation mitgeteilt: Margot hatte einen Sandfloh! Es klang, als wäre es eine Auszeichnung.

Bei dieser Gelegenheit erfuhr ich wieder, was ich schon bei der erfolgreichen Behandlung meiner Anfangserkältung in Sao Paulo erlebt hatte: die Frauen und Mütter müssen weitgehend medizinische Selbsthilfe üben, nicht nur wegen der hohen Arztkosten, sondern hier draußen vor allem deshalb, weil der Arzt in Rolandia wohnt und weil es kein Telefon gibt. Titti hat ein ganzes Arsenal von

Antihistaminen und Antibiotika im Haus. Da man das alles ohne Rezept in den Apotheken bekommt, legt sich jede Frau einen Vorrat davon an. Auch die geistergläubigen Colonen, die Farmarbeiter, wirtschaften mit starken Medikamenten. Eines Nachts hörte ich im Halbschlaf Schritte, Rufen und Klopfen auf der Veranda, auf die alle Türen des Hauses münden. Am nächsten Tag erfuhr ich, was los war. Die Colonen, besonders die Kinder, leiden an einer Wurmplage. So hatte auch Antonio, der Gärtner, wieder einmal Medizin dagegen eingenommen. In der Nacht fing er plötzlich zu delirieren an, schrie, tobte und versicherte seiner erschreckten Frau, die ganze Hütte sei voller Geister. Antonios Bruder war kürzlich bei einer Messerstecherei ums Leben gekommen; nun stand er an seinem Bett mit einem ganzen Gewimmel anderer Gespenster, die den armen Antonio vermutlich zur Blutrache überreden wollten. Sie saßen auf seiner Brust, preßten seinen Kopf wie in einem Schraubstock und wühlten in seinen Eingeweiden. Antonio verlangte jammernd nach Donna Mathilde. Die Frau läuft zum Herrenhaus hinüber, die Donna und der Senhor folgen ihr in das naheliegende Gärtnerhaus. Dort setzt sich Titti auf den Rand des zerwühlten Bettes, nimmt Antonios Hand zwischen ihre beiden und versichert ihm, die Geister hätten bereits den Rückzug angetreten. „Und nun sag mir, wieviel Wurmpillen du genommen hast, Antonio!“ Die Frau holte das leere Gläschen herbei. Aha! Antonio hat die Ration für einen starken Ochsen geschluckt. Viel hilft viel! Titti befiehlt, daß Kamillentee gekocht wird, und Antonio muß eine Tasse nach der anderen trinken, um das Gift aus dem Körper zu schwemmen. Die Gegenwart von Donna Mathilde hat den Patienten schon etwas beruhigt, aber weglassen will er sie um keinen Preis, sonst kommen die Geister wieder. Vor ihr haben sie Respekt. Schließlich gibt Titti Max einen Wink, und er eilt zum heimischen Medizinschrank, um ein Schlafmittel zu holen. Erst als Antonio endlich eingeschlafen ist, kann Titti ihre Hand aus der Umklammerung der seinen lösen. Hilfe bei Krankheit oder Unfällen gehört zu den zahlreichen Pflichten einer Farmersfrau.

Wurmpillen und Geisterglauben gehen friedlich Hand in Hand, wieder ein Beispiel für die zwiespältige brasilianische Seele. Am nächsten Tag ist bei einem Nachbarbesuch von der tüchtigen Hebamme die Rede, die gleichzeitig eine gesuchte Gesundbeterin ist. Bei Geburten übt sie noch den uralten Brauch, frischen Kuhmist auf die Nabelwunde zu legen. Die Nachbarin, die lange in Indien gelebt hat, berichtet von dort, daß einer ihrer Hausboys eine klaffende Wunde am Arm auf die gleiche Weise behandelt und in wenigen

Tagen geheilt habe. Aber nun kommt erst das Erstaunliche an der Geschichte: die Schulmedizin soll neuerdings entdeckt haben, daß in ganz frischem, noch warmen Kuhmist ein dem Penicillin ähnlicher Stoff enthalten ist. Ich gebe das ohne Gewähr weiter.

Max und Titti, das merke ich schon nach wenigen Tagen, sind nicht nur für die Familien ihrer Arbeiter, sondern auch unter den Nachbarn und Freunden ein Zentrum der Hilfsbereitschaft. Max, der ehemalige Anwalt, ist auch hier „honoris causa" der juristische Berater des großen Freundeskreises. Es ist verständlich, daß es ihm Freude macht, auch auf seinem ursprünglichen Berufsgebiet noch tätig zu sein. In seinem schönen Arbeitszimmer geht es oft zu wie in einem Anwaltsbüro. Jeder in der Siedlung, der legalen Rat braucht, kommt zu ihm, und da es weit und breit kein Telefon gibt, muß eben jeder persönlich kommen. Die einzelnen Fazenden rund um den Stadtplatz Rolandia sind mindestens zwanzig Minuten, die meisten erheblich weiter voneinander entfernt. Da ist das Auto und bei Regenwetter der Jeep unerläßich. Vor dreißig Jahren, als hier gesiedelt wurde, machte man das alles noch zu Pferd.

Titti besucht täglich, wenn es nicht in Strömen gießt und alle Wege zu tiefem roten Schlamm werden, die fünfundachtzigjährige Urgroßmutter in der Familie von Max Hermanns landwirtschaftlichem Partner. Ich begleitete sie manchmal und lernte eine alte Frau kennen, die fast unbeweglich in ihrem Lehnstuhl saß, ohne Klage, immer freundlich, heiter und voller Interesse für alles in ihrer eigenen großen Familie, den Familien der Freunde und draußen in der weiten Welt. Da wird wieder einmal deutlich, wie segensreich auch eine kranke alte Frau noch wirken kann. Die Tochter und deren Mann, Enkel und Urenkel lieben und verehren sie und tragen ihre kleinen und größeren Sorgen zu ihr. Wenn sie einmal nicht mehr da ist, wird eine Lücke entstehen, die sich so schnell nicht schließt.

In diesem Kreis von Menschen, die zu einer Schicksalsgemeinschaft zusammengewachsen sind, ist es schön und trostreich zu sehen, daß auch die Alten noch notwendig sind, und mit welcher Achtung und Fürsorge sie behandelt werden. Aber auch um die Jugend kümmert sich Titti. Ein paar Kindern aus jüdischen Familien gibt sie Unterricht in israelitischer Geschichte und Hebräisch. „Sie sollen doch wissen, wo ihre Ahnen herkamen“, sagt sie. „Und es ist auch gut, wenn sie wenigstens einige der schönen alten Gebete verstehen.“ Max und Titti selbst sind Juden geblieben; sehr freie, unorthodoxe Juden, aber der Tradition, in der sie aufwuchsen, unverbrüchlich verbunden.

Meine Lesung in der Gemeinschaft „Pro Arte" war fast wie eine große Familienzusammenkunft. Es kommen oft auswärtige Schriftsteller oder Wissenschaftler verschiedener Gebiete, um hier zu lesen oder zu sprechen, und man spürt das lebhafte Interesse an schöngeistigen, wissenschaftlichen und politischen Fragen. Nachdem ich bei dieser Gelegenheit noch mehr Nachbarn kennengelernt hatte, machten wir in der Folge oft Besuche in den einzelnen Familien, oder es kam Besuch zu uns. Am liebsten würde ich über jede der Fazenden und ihre Bewohner ein Kapitel schreiben, denn wo wir auch hinkamen, begegnete ich Schicksalen, die keine Alltagsschicksale sind.

Da ist eine einst international bekannte Sängerin, jetzt verwitwet und über achtzig Jahre alt. Bis vor kurzem hat sie in ihrem Haus noch alljährlich an ihrem Geburtstag für die Nachbarn ein Konzert von Liedern und Arien gegeben. Jetzt singt sie nicht mehr, sondern hält bei der festlichen Gelegenheit nur einen Vortrag mit Musikbegleitung über eine bestimmte Periode der Musikgeschichte oder einen Komponisten. Den Besitz verwaltet ihr Sohn zu ihrer Zufriedenheit. Aber wenn es Schwierigkeiten bei einer kalbenden Kuh gibt, wird die alte Dame zu Hilfe gerufen. Wir trafen sie bei unserem Besuch in etwas angegriffenem Zustand. „Das war wieder eine Nacht!" sagte sie auf Tittis besorgte Frage, und dann erzählte sie. Gegen zwölf weckte sie der Viehpfleger mit der Nachricht, die wertvolle junge Kuh, die zum erstenmal kalben sollte, sei in Lebensgefahr. Das Kalb in ihrem Leib wäre bereits tot, keine Bewegung zu spüren. Die Donna müsse mitkommen, damit wenigstens die Kuh gerettet werde. Sie zog sich an, ging mit in den Stall, untersuchte das unerfahrene junge Muttertier und fühlte mit ihrer schmalen, weichen Hand, was die große Männerhand des Pflegers nicht hatte feststellen können: das Kalb lebte. Es gelang ihr, die Zunge des Tieres zu fassen, und sogleich fing es zu zappeln an. Ihr Sohn war mit im Stall, ein zweiter Arbeiter kam herein; alle sahen bedenklich aus. Es dauerte noch bis in die Morgenstunden, aber die erfahrene alte Frau brachte schließlich die Geburt zu einem glücklichen Ausgang. „Die Kuh lebt", sagte sie, nun doch selbst recht erschöpft, zu den umherstehenden Männern, die sich den Schweiß von den Stirnen wischten. „Das Kalb lebt auch. Wenn ihr mir jetzt nicht sofort einen starken Kaffee bringt, dann bin ich diejenige, die tot im Stall liegen bleibt!"

Die Nächte sind noch kalt. Dann sitzen wir im Wohnzimmer mit dem elektrischen Heizkörper, den eine dankbare Nachbarin Max zu seinem vorjährigen Geburtstag geschenkt hat. Auf allen

Tischen liegen Zeitschriften aus verschiedenen Ländern, und die Büchergestelle reichen bis an die Decke hinauf. Wir lesen oder unterhalten uns. Max und Titti erzählen von den schönen Reisen im Jeep, die sie in den fünfziger Jahren zusammen unternommen und auf denen sie viel von Land und Leuten kennengelernt haben. Ich hatte die Berichte schon zu Hause in ihren Rundbriefen an die Freunde gelesen, und jetzt gelüstete es mich erst recht, noch etwas mehr von diesem rätselvollen Land zu sehen. Aus irgendwelchen Gründen, die ich vergessen habe, kam es leider nicht dazu. „Bei deinem nächsten Besuch!" vertröstete mich Max, so wie wir früher in Frankfurt gesagt hätten: kommt doch morgen zu einer Tasse Tee. Aber jetzt sind wir alt. Und wissen wir denn, ob es ein Nächstesmal gibt? Zum Trost für das Versäumte veranstaltete Max für uns ein Schallplattenkonzert in seinem Arbeitszimmer.

Manchmal arbeite ich ein paar Stunden, aber meistens genieße ich faul und dankbar die schönen Tage. Titti, die ich vorher nur kurz bei dem Besuch in Santa Barbara gesehen hatte, ist mir in wenigen Tagen schon so vertraut wie eine Schwester geworden. Oft müssen wir lachen, wenn wir plötzlich wie aus einem Mund irgendeinen Goethevers zitieren, der gerade in die Situation paßt. Auch die Liebe zu Pflanzen und Tieren verbindet uns.

Der Zier- und der Nutzgarten sind Tittis Schöpfung und ihr Stolz. Alles, was an Gemüse und Obst auf den Tisch kommt, stammt aus diesem Garten, wo auf beschatteten Stellagen die jungen Pflanzen herangezogen werden. Es gibt schon täglich frischen Spargel, jungen grünen Salat und bald auch die ersten Buschbohnen. Zum Nachtisch bekommen wir große Schüsseln voll der aromatischen kleinen Monatserdbeeren, oder die schwarzen Früchte der Brombeerhecke am unteren Rand des Gartens. Auch die ersten Artischocken, Ananas und Bananen sind schon reif. Es ist ja Frühling hier auf der südlichen Halbkugel, die Fülle der subtropischen Früchte wird erst später reifen.

An einem Regentag zeigte mir Titti eine ganze Mappe ihrer schönen Blumen- und Landschaftsbilder. Man merkt es dem Garten an, daß eine Malerin ihn geplant hat. Jeder Winkel, jeder Aspekt könnte ein Ausschnitt aus einem Bild sein. Als ein paar sommerlich heiße Tage kommen, werde ich schon früh morgens, als es noch kühl ist, zu einem Gang durch den Garten gerufen. Wir gehen an den Wasserbecken vorbei mit den Seerosen und Wasserlilien, mit Papyrosstauden, Goldfischen und Fröschen. Wir teilen das Entzücken an den neuerblühten blauen Lilien, den knospenübersäten Büschen der altmodischen Marechal-Niel-Rosen, die es auch in meines Vaters Garten gab, an den lavendelblauen Wolken der Jacarandabäume und den Kaskaden von Orchideenblüten, die aus der Astgabel eines Baumes quellen, in die man irgendwann einmal einen Steckling versenkt hat. Daß Titti in dem fremden Land im Lauf der Jahre alles mit soviel Liebe gestaltet hat, geschah sicher, um Max ein Gefühl des Zuhauseseins zu geben. Jetzt ist die einstige Fremde längst Heimat geworden; nicht nur Heimat der äußeren Existenz, sondern Heimat der Herzen. Auch ich habe mich seit meines Mannes Tod selten irgendwo so daheim gefühlt wie auf der Fazenda Jaú. Wenn Titti und ich an milden Abenden zusammen auf den Liegestühlen vor dem Haus lagen, während Max noch mit Verwaltungsarbeit am Schreibtisch beschäftigt war, ließen wir uns ganz einspinnen vom Zauber der Tropennacht. Unvergeßliche Erinnerung: Der fast volle Mond steigt über die majestätischen Eukalyptusbäume herauf, die Titti vor achtundzwanzig Jahren als kleine Ableger gepflanzt hat. Die großen Magnolienblüten duften betäubend. Vor der Veranda stehen Hortensien wie eine dichte blaue Wand, blaß leuchtend im Mondschein. Das Piepen der Baumfrösche klingt wie Vogelgezwitscher. Die Ochsenfrösche musizieren ihr Baßgeigenkonzert. Manchmal singt die kleine Lacheule ein Solo dazwischen. Fledermäuse umflattern uns, lautlos. Dann sprechen wir beide von unserem Leben und schweigen wieder, diesem Leben nachdenkend, das schwer und schön war.

Max und Titti waren schon nicht mehr jung, als sie vor das Abenteuer eines ganz neuen Anfangs gestellt wurden. Sie haben es bestanden. Die Vergangenheit mit ihren Schmerzen ist überwunden und ohne Bitterkeit in das Hier und Jetzt einbezogen. Wie anders ist alles, als sie in ihrer Jugend planten und erwarteten, aber auch wieviel schöner und erfüllter, als sie bei ihrem Abschied von der alten Heimat zu hoffen wagten! Sie haben Wurzeln geschlagen in der Terra Roxa von Paraná, feste, tiefe Wurzeln, wie die Bäume, die Titti pflanzte und die jetzt ihr Dach beschatten. Der Stamm ihres Lebens grünt und blüht noch im Alter und trägt reiche Frucht für sie und alle, die in ihrem Umkreis wohnen.

Glück im Urwald ... ich durfte es für eine kurze Spanne Zeit mit den Freunden teilen.

Mit dem Ausklang dieser schönen Wochen soll für diesmal auch mein Reisebericht ausklingen. Vielleicht werde ich von Peru und Mexiko später einmal erzählen.

X

GESCHICHTE EINER LETZTEN LIEBE

Die Frau, die vor etwa einem Jahr diesen Brief schrieb, lebt nicht mehr. Sie hat mir freigestellt, ihn zu benutzen, wenn er anderen eine Hilfe sein könne, und ich will von dieser Erlaubnis Gebrauch machen, weil der Brief ein so schönes Dokument der ewigen Erneuerungsfähigkeit des menschlichen Herzens ist. Es wird hier ein Alterserlebnis, in dem jede Möglichkeit zu Dissonanz, Bitterkeit und selbst Lächerlichkeit gegeben war, mit soviel Disziplin, Takt und Weisheit gelöst, daß das herbstliche Liebeslied in Harmonie ausklingen konnte.

Hier ist der Brief, wie ich ihn bekam, ohne Ortsangabe und Adresse der Absenderin:

Liebe Frau Benary,

da ich vermute, daß in vielen Leserbriefen, die Sie erhalten, von den Schwierigkeiten, dem Kummer und der Einsamkeit des Alters die Rede ist, freut es Sie vielleicht, von dem späten Glück einer Fünfundsiebzigjährigen zu erfahren. Wir sind uns nie persönlich begegnet, und da ich im Osten der Staaten lebe, Sie im Westen, so daß ein ganzer Kontinent zwischen uns liegt, werden wir uns wohl auch in diesem Leben nicht mehr begegnen. Wenn ich Ihnen also eine Fremde bin, so glaube ich doch, Sie recht gut zu kennen. Vor einiger Zeit schickte mir eine deutsche Freundin Ihr Buch „Abenteuer des Alterns“, das seither seinen festen Platz auf dem Tisch neben meinem Bett hat. In diesem Buch steht, daß man immer wieder den Mut zum Abenteuer der Liebe haben muß. Ich weiß also, wem ich mein Geständnis mache. Mein Geheimnis erfüllt mich mit soviel Freude und Wärme, daß ich es mit einer anderen Frau teilen muß, und Sie haben die Distanz, die meine nahen Freunde hier naturgemäß nicht haben können.

Wenn Sie glauben, anderen mit dem Inhalt dieses Briefes eine Hilfe geben zu können, verfügen Sie darüber, wie es Ihnen gut scheint. Setzen Sie mir nur eine Maske auf und verschweigen Sie meinen Familiennamen.

Ich war auf der Höhe des Lebens eine bekannte, wenn auch keine von den weltberühmten Sängerinnen. Es gab eine Reihe guter Schallplatten von mir, die ich noch vollzählig besitze: Lieder, lyrische Arien aus Opern und Operetten. Für die großen Heldenrollen war meine Stimme nicht ausreichend. Wie die meisten Sänger habe ich Italienisch und Deutsch gelernt, letzteres besonders der Lieder wegen, die meine Stärke waren. Durch zwei unvergeßliche Gastspielreisen, zusammen mit meinem Mann, der mich begleitete und sein Kammerorchester mitgenommen hatte, gerade noch vor Ausbruch des Dritten Reiches, ist mir die deutsche Sprache so lieb geworden, daß ich sie mir bis jetzt einigermaßen geläufig erhalten habe. Ein paar deutsche Freunde hier sorgen dafür, daß ich nicht aus der Übung komme.

Mit achtzehn Jahren, gleich nach der Schule, wo ich in Schülervorstellungen eifrig mitgewirkt hatte, kam ich auf eine Musikhochschule, um mich in Klavier und Gesang weiter auszubilden. Ich hatte das Glück, daß mich der Direktor der Akademie nach einer Probezeit unter seine persönlichen Schüler aufnahm. Alles, was ich wurde, verdanke ich ihm. Als ich zwanzig und er zweiunddreißig Jahre alt war, heirateten wir. Wir hatten dreiundvierzig herrliche, reiche Jahre miteinander. Wenn es dabei zuweilen auch Stürme und Gewitter gab, so lag es an mir; aber es dauerte lange, bis ich das einsah. Er war so großzügig und meiner Liebe so sicher, daß es ihn nicht störte, wenn mir andere Männer den Hof machten. Ich dagegen litt Qualen der Eifersucht, wenn er mit einer der vielen Frauen, die ihn verehrten, auch nur eine freundschaftliche Beziehung anknüpfte. Ich wollte ihn ganz für mich haben, und dieses Halten- und Habenwollen, vor dem Sie ja auch in einem Kapitel Ihres Buches warnen, hätte unsere Ehe in Gefahr bringen können, wenn sein großes Herz nicht auch diese meine Schwäche gelassen hingenommen hätte. Wie töricht habe ich mich damals benommen! – Und nun liebe ich am Ende meines Lebens einen Mann, der mein Sohn sein könnte und nie etwas davon erfahren darf. Jetzt aber erwarte, begehre und fordere ich nichts. Diese Liebe besteht nur aus Entsagung; und so konnte sie eine glückliche Liebe werden.

Als mein Mann vor zwölf Jahren starb, glaubte ich, mein Leben sei zu Ende; ja, ich fand damals, die indische Witwenverbrennung habe doch mancherlei für sich. – Sie wissen aus eigener Erfahrung, liebe Frau B., daß das Leben weitergeht, ob wir es wollen oder nicht; und wenn wir uns in unsere Trauer vergraben, geht es über uns hinweg. Ich fand bald Menschen, die meine Hilfe brauchten; und nichts hilft uns selbst ja besser, als anderen zu helfen. Gesungen habe ich nach dem Tod meines Mannes lange nicht mehr; viel später erst sang ich zuweilen wieder für mich allein und dann allmählich auch manchmal für ein paar Freunde die Lieder, die er am meisten geliebt hatte. Schließlich fanden sich ganz von selbst ein paar Schüler und Schülerinnen zu mir, an die ich nun weitergeben kann, was ich von meinem Mann gelernt und an eigenen Erfahrungen gesammelt habe. Die Verbindung mit jungen Menschen ist so wohltuend im Alter; es läßt sich dabei schwer entscheiden, wer der Gebende und wer der Nehmende ist. Mein einziger Sohn, der mir sehr nahesteht, ist Historiker und unterrichtet schon seit Jahren an einer englischen Universität. Ihm dorthin zu folgen, konnte ich mich nicht entschließen, und so sehe ich ihn, seine sympathische englische Frau und die beiden Enkelkinder nur selten. Einem Manne, den ich wieder hätte lieben und heiraten können, bin ich in all den Jahren nicht begegnet, und da ich mir auch keine neue Bindung gewünscht habe, bin ich jeder Gelegenheit dazu aus dem Weg gegangen. So lebe ich seit mehr als einem Jahrzehnt still mit meinen Büchern, die ja eine der besten Lebenshilfen sind; mit meinem Flügel, meinem Plattenspieler und zwei siamesischen Katzen, die so eifersüchtig sind, wie ich es einst war. Meine Schüler kommen regelmäßig; die nächsten Freunde besuchen mich zuweilen oder holen mich zu Spaziergängen in den Wäldern und an den Seen der ländlichen Umgebung meines Hauses ab oder an den Strand des Atlantik, der mit dem Auto in etwa zwanzig Minuten zu erreichen ist. Mein Mann und ich sind viel miteinander gewandert, hier und in anderen Ländern. Ich bin immer noch leistungsfähiger zu Fuß als die meisten meiner Freunde. Die gelegentliche Mahnung meines Arztes, mein Herz nicht übermäßig anzustrengen, habe ich nie sehr ernst genommen. Schade, daß ich ihm nicht erzählen kann, wozu dieses schonungsbedürftige Herz noch fähig ist!

Im vorigen Herbst hatten einige meiner alten und jungen Freunde beschlossen, meinen fünfundsiebzigsten Geburtstag zu feiern, mit einem Empfang bei mir am Vormittag, zu dem Gratulanten und die Vertreter der Behörden kamen, und zu einer intimen abendlichen Gesellschaft im Hause meiner besten Freundin. Obwohl das nicht gerade meinen Wünschen entsprach, konnte ich mich doch der liebevollen Absicht nicht entziehen.

Meine Freundin Mary, die Gastgeberin des Abends, die an einer benachbarten Universität unterrichtet, hatte mir schon vorher gesagt, sie habe einen Kollegen eingeladen, den sie besonders schätze. „Er ist einer der ungewöhnlichsten jungen Menschen, dem ich seit langem begegnet bin, mit einer so ernsten Hingabe an sein Werk und einer so warmen Besorgnis um die Jugend unserer Welt, wie man sie selten findet", sagte sie. „Übrigens behauptete er, ein alter Verehrer von Dir zu sein, als ich kürzlich in einem Gespräch Deinen Namen nannte." Ich lachte über die Vorstellung von einem brillanten jungen Wissenschaftler, der der Verehrer einer alten Frau sein sollte. Als dann die Freundin seinen Namen nannte, sagte ich, viel eher könne ich mich *seine* Verehrerin nennen, denn ich hätte schon seit Monaten nie sein Fernsehprogramm am Dienstagabend versäumt. Dabei spricht er mit einer Gruppe von Studenten und Studentinnen über sein Gebiet, Tiefseebiologie und das Verhalten der Lebewesen des Meeres. Er tut das auf eine so faszinierende Art, daß ich, nachdem ich einmal zufällig die Sendung gehört hatte, sofort von der Begeisterung seiner Schüler angesteckt wurde. Einige von ihnen hatten ihn im vorigen Sommer schon von einem Forschungsschiff der Universität aus beim Tauchen in den Korallenriffen der Bahama-Inseln begleitet. Manchmal läßt er sie selbst darüber berichten und ihre Farbdias vorführen. Es ist reizend zu sehen, wie stolz sie das macht. Neulich hat er eine Bandaufnahme von Stimmen der Tiefseefische ablaufen lassen. In meiner Jugend war von dem ewigen Schweigen der Meerestiefe die Rede, aber ich versichere Ihnen, da unten geht es zu wie auf einem südlichen Marktplatz: Rufen, Schreien, Stöhnen, Kichern, Plappern! – Wundert es Sie, daß ich bald völlig gefangen war von dieser mir vor kurzem noch ganz fremden Welt? Ich besorgte mir in der Universitätsbibliothek Literatur und entdeckte dabei auch zwei Bücher des jungen Professors. Die kaufte ich und fand darin die Ergebnisse seiner Forschung in einen weiten Rahmen gestellt, wobei auch menschliches Verhalten mit einbezogen ist und eine mir ganz neue Art von Philosophie entwickelt wird. Überall taten sich plötzlich Fenster für mich auf, mit jedem Tag wurde die Welt weiter, und meinen einsamen Abenden fehlte es nicht mehr an Beschäftigung.

Der Mann, der mich mit diesem neuen Interesse beschenkt hat, mag fünfunddreißig oder vierzig Jahre alt sein. Er sieht gut aus, ist intelligent, von einer mitreißenden Intensität und bei alledem von einer ruhigen Würde, die unverkennbar auch von den heute doch oft recht ruppigen Jugendlichen respektiert wird. Ich war auch in der letzten Zeit ein paarmal in seiner Universitätsvorlesung. Er behandelt seine Studenten als Gesprächspartner und gentlemen, was sie veranlaßt, sich auch wie gentlemen zu benehmen. Sogar die Bärtigen und die Langhaarigen hängen an seinen Lippen, und es gibt offenbar keinen Augenblick der Unaufmerksamkeit.

Da stand er nun am Abend meines Geburtstages leibhaftig vor mir. „Hier ist Dr. Thomas . . ., von dem ich Dir erzählt habe"; stellte ihn meine Freundin Mary vor. „Und hier, Tom, deine erste Liebe, wenn ich dir glauben darf." Wir lachten beide; er und seine charmante junge Frau gratulierten mir. Dann hielt der Hausherr eine kleine Rede auf mich, worauf Sekt herumgereicht wurde und alle zum Anstoßen zu mir kamen. Ich trank mein Glas auf einen Zug leer und reichte es dann dem Professor, der neben mir stand, zum Nachfüllen. Er hielt bereits das ebenfalls leere Glas seiner Frau in der Hand, stellte kopfschüttelnd beide Gläser auf ein Tablett, nahm an jeden Arm eine von uns und führte uns an das kalte Buffet, eine Spezialität meiner Freundin Mary. „Erst müßt Ihr etwas Solides in den Magen bekommen", sagte er wie ein strenger älterer Bruder, der auf zwei kleine Schwestern aufpassen muß. Wir aßen beide mit Genuß die delikaten Kleinigkeiten, die er uns auf die Teller gehäuft hatte, und dann erst schenkte er uns ein zweites Glas Sekt ein. „Da drüben fangen sie zu tanzen an", sagte seine Frau. Camilla heißt sie. „Geh nur, und amüsiere dich gut", sagte Tom und rückte zwei bequeme Sessel für uns in eine ruhige Ecke. „Ich habe Sie schon einmal beschwipst gesehen", sagte er, als er mich zu meinem Sessel führte, „das ist schon ein paar Jährchen her. Als Rosalinde in der Fledermaus. Es stand Ihnen reizend. Aber heute wollen wir uns doch wie zwei gesetzte ältere Leute unterhalten, nicht wahr?" – „Gewiß, Herr Professor", antwortete ich ihm. Mein Kopf war wunderbar leicht und klar, und ich freute mich darauf, ihn ganz ungestört nach seinen Forschungen ausfragen zu können. „Die Delphine sind, glaube ich, Ihrem Herzen am nächsten?" – „Sie haben es erraten. Ich vermute, daß sie, wenn auch vielleicht nicht gescheiter, doch jedenfalls vernünftiger sind als wir Menschen. Aber ehe ich anfange, von diesen liebenswerten Säugetieren der Meere zu reden, möchte ich Ihnen gern erzählen, wie oft ich Sie vor mehr als zwanzig Jahren, als Schüler, in Ihren Opernrollen und in Konzerten gehört und mir nach und nach alle Ihre Platten gekauft habe. Ich habe sie noch, und wenn ich manchmal ganz ausgepumpt von einem langen Arbeitstag heimkomme, spiele ich mir eine vor. Nur das Album vom Rosenkavalier ist leider verlorengegangen. Das war Ihre schönste Rolle. Nie hab ich versäumt, wenn ich's nur irgend möglich machen konnte, Sie als Marschallin zu sehen. Keine andere hat das so gesungen wie Sie: ‚Manchmal steh ich auf mitten in der Nacht und laß all die Uhren stehn.' Gleich als Sie heute abend die ersten Worte mit mir sprachen, spürte ich den Zauber Ihrer Stimme wieder. Und dann die andere Stelle, bei bei der ich immer einen Kloß im Hals hatte ... obwohl ich noch gar nicht verstand, was das wirklich bedeutete. Ich war im täglichen Leben so unsentimental, wie Buben in dem Alter sind, und doch hat es mich so bewegt ..." – „Wollen Sie mir nicht sagen, welche Stelle es war, die damals Ihr Bubenherz so gerührt hat?" – Er zögerte einen Augenblick; ich glaube sogar, er wurde ein wenig rot. „Wie kann es wirklich sein", zitierte er dann ganz leise und zu meinem Entzücken auf Deutsch, „daß ich die kleine Resi war und einmal eine alte Frau sein werde." Danach schwiegen wir beide, ich weiß nicht wie viele Minuten oder Sekunden. Ich hatte Angst, er könne mein Herz schlagen hören. Schließlich sagte ich „Werden Sie mir jetzt noch etwas zu trinken geben?" Er stand schnell auf und holte mir und sich selbst noch ein Glas Wein. Wir stießen an. Diesmal trank ich ganz langsam. „Sie wissen ja, welchen Geburtstag ich heute feiere", sagte ich, als das Glas leer war. „Wenn ich vor mehr als zwanzig Jahren die Marschallin so spielen konnte, daß es jungen Menschen das Herz bewegte, dann war es, weil ich das Alter schon herannahen fühlte. Rechnen Sie es sich aus. Ich habe dann auch nicht mehr lange öffentlich gesungen." – „Ich weiß, dann waren Sie auf einmal nicht mehr da, und in meinem Leben hat es so viel Neues gegeben, damals fing ich schon zu tauchen an; dagegen trat dann eine Weile alles andere zurück ... Nur an einen Liederabend erinnere ich mich noch aus der Zeit kurz nach dem Krieg. Da sangen Sie für die Verwundeten. Ich war schon Student, und es war wieder so, daß ich für ein paar Stunden sogar den großen Tintenfisch vergaß, mit dem ich damals befreundet war. Am nächsten Morgen kaufte ich ein halbes Dutzend rote Rosen, zu einem Dutzend langte es leider nicht, und ließ sie in Ihre Wohnung schicken.“ – „Wie reizend von Ihnen“, sagte ich. – „Wie viele Rosen werden Sie in Ihrem Leben bekommen haben! Wollen Sie nicht Ihre Erinnerungen einmal aufschreiben?“ – „Vielleicht, vielleicht auch nicht. Viel lieber möchte ich etwas mehr von Ihrer Arbeit erfahren. Mary hat Ihnen wohl gesagt, daß ich nie Ihr Dienstagsprogramm versäume. Ihre beiden Bücher habe ich mir gekauft. Halbe Nächte lang habe ich darin gelesen, und immer wieder lese ich einzelne Abschnitte und betrachte Ihre herrlichen Farbfotos. Darf ich Ihnen die Bücher zum Autographieren schicken?“ – „Ja, bitte, tun Sie das! Ich bin stolz, daß sie Ihnen gefallen, Ilona ... darf ich so sagen?“ (Sie wissen ja, Frau Benary, wie schnell man hier einander beim Vornamen nennt.) Dann kam er endlich auf seine Delphine zu sprechen, mit denen er, wie er sagt, „a lovely little love affair“ hat. Bis zu einem gewissen Grad kann er sich schon mit ihnen verständigen. Er sprach, ich stellte Fragen und hörte zu, und wußte bereits, was mir geschehen war. Ich war nicht einmal erschrocken darüber, es war nur eine große, warme Freude, die mich überströmte, und die ich wie ein Geschenk hinnahm. Zum Glück war mir auch sofort klar, daß diese späte Gabe dauernde Wachsamkeit von mir erfordern würde. Niemand durfte davon erfahren, er am allerwenigsten. Ich bemühte mich, ihn nicht dauernd anzusehen. Jeder Zug in diesem gescheiten, wachen Gesicht war mir ja schon lange vertraut: die Art, wie er lächelte, zuweilen den Mund zusammenpreßte oder die Stirn in Falten zog, plötzlich die sehr blauen Augen aufschlug oder einem Schüler zunickte, der eine gescheite Frage gestellt hatte. Aber hier nun, so dicht vor mir, war er doch ein anderer als auf dem Fernsehschirm, das Gesicht schmaler, länger, nicht so rund und glatt; in seinen braunen Haaren schon ein wenig Weiß. Er wirkte männlicher, nicht ganz so hübsch wie auf dem Schirm, aber schöner. So könnte ich mir den Alkibiades vorstellen, als er noch Sokrates' Freund war, unberührt von Korruption.

Man hörte die Tanzmusik aus dem Nebenzimmer. Zwei junge Mädchen schauten zu uns herein und suchten ihn mit Blicken wegzulocken. Einmal kam seine Frau in unsere stille Ecke, jung, reizend und glühend vom Tanz. „Wieder bei den Delphinen, darling?“ sagte sie, legte einen Augenblick ihre Hand auf seinen Kopf, lächelte mir zu und ging wieder. Die Delphine hielten ihn bei mir fest, bis ich mit der schamlosen Lüge, ich sei jetzt müde und müsse nach Hause fahren, ihn schließlich zu der tanzenden Jugend schickte.

Das ist nun drei Monate her. Wir haben uns erst einmal wiedergesehen, als er auf einer Fahrt an die Küste plötzlich vor meiner Tür stand und wir dann eine gute Stunde am Kamin zusammensaßen, in dem ich ein Feuer angezündet hatte. Ich ließ ihn von dem Fortgang seiner Forschungen berichten. Er war jetzt doppelt belastet durch die Vertretung eines erkrankten Kollegen. Daneben mußte natürlich seine eigene Arbeit unvermindert weitergehen. Nebenher erfuhr ich, daß er einen Abend jede Woche für seine Studenten in seiner Wohnung zu sprechen ist. „Sie haben es so nötig, daß man sich persönlich um sie kümmert", sagte er. „Nur der Samstagabend und Sonntag sind streng der Familie vorbehalten. Camilla ist ein Engel und beklagt sich nie. Aber unser Thomas, der bald elf Jahre alt wird, schimpft oft ein bißchen, daß ich so wenig zu Hause bin. Solange bei alledem die Arbeit an meinem neuen Buch einigermaßen weitergeht, will ich mich nicht beklagen. – Und Sie, Ilona, haben Sie denn nun mit dem Schreiben Ihrer Erinnerungen angefangen, wie Sie es mir bei Ihrer Geburtstagsgesellschaft versprochen haben?"

Ich sagte, daß es doch eigentlich noch kein Versprechen gewesen sei. „Aber angefangen habe ich tatsächlich. Ohne Sie wäre ich nie auf die Idee gekommen, Tom. Nun macht es mir selber Spaß. Nur meine Katzen mißbilligen betont, daß ich jetzt oft viel später ins Bett gehe, als sie es gewohnt sind." – „Wenn wirklich ich es war, der sie dazu veranlaßt hat, dann habe ich doch endlich einmal etwas Nützliches getan", sagte er strahlend.

Ich machte noch einmal frischen Tee. Wir saßen dann eine Weile schweigend beieinander, und plötzlich sagte er: „Das ist nun erst das zweite Mal, daß wir zusammen sind, und schon können wir miteinander schweigen, wie alte Freunde." Es war eine Freude für mich zu sehen, wie gut ihm das tat. Als er aufbrechen mußte, sagte er: „Ich bin so ausgeruht wie sonst nicht nach einem ganzen Wochenende. Tausend Dank! Wenn es wieder einmal bei meiner knappen Zeit möglich ist, bringe ich Camilla mit. Wir möchten Sie beide oft sehen." – „Sie sind mir immer willkommen. Aber denken Sie ja nicht, daß Sie sich um mich kümmern müssen oder daß unsere Freundschaft einer Bestätigung bedarf." – „Es könnte gut sein, daß *wir* einmal die Bestätigung nötig haben. Dürfen wir dann kommen?" – „So oft Sie wollen, Tom." – Beim Lebewohlsagen legte er den Arm um meine Schultern und küßte mich. Das ist eine liebenswürdige Geste hier, die nicht mehr bedeutet als freundschaftliche Zuneigung, aber in diesem Fall hatte ich Mühe, meine Balance zu bewahren. – „Und ich?" sagte er und beugte sich noch einmal zu mir herunter. Ich drückte ganz schnell meine

Lippen auf die glatte junge Haut und war froh, daß er dann gleich ging.

Am nächsten Tag entdeckte ich bei meinem Buchhändler das jetzt in englischer Sprache erschienene Buch des berühmten deutschen Verhaltensforschers Lorenz, das hier den Titel „On Aggression“ hat. Ich weiß, wie Tom diesen Mann verehrt; er spricht oft von ihm in seinen Vorlesungen. Ich kaufte das Buch, fing sofort zu Hause zu lesen an und merkte erst um elf Uhr nachts, daß ich mein Abendessen vergessen hatte. Am nächsten Morgen konnte ich der Versuchung nicht widerstehen, dem Freund einen Brief darüber zu schreiben, obwohl er das Buch sicher schon kannte. Als der Brief im Kasten steckte, bekam ich Gewissensbisse. Ich weiß doch, wie kostbar seine Zeit ist, und ich konnte nur hoffen, daß er nicht antworten würde, zumal da wirklich keine Antwort nötig war. Aber schon nach wenigen Tagen kam eines seiner kurzen, freundschaftlichen Briefchen, zusammen mit den beiden autographierten Büchern: „Meiner verehrten Freundin Ilona in Dankbarkeit.“

Nun habe ich mir gelobt, ihm nicht mehr zu schreiben. Ich will ihn auch nicht einladen, mit seiner Frau und little Tom bald einmal zu mir zu kommen; und ich werde von mir aus nicht darauf zurückkommen, daß er mich gebeten hat, es ihn wissen zu lassen, wann er mich einmal für ein Wochenende zu sich holen kann. Das alles muß ganz ihm überlassen bleiben; ich will nichts dazu tun. Dafür kommt mein Gewinn an neuem Lebensgefühl anderen zugute. Von meinen Schülern sitzt nun zuweilen einer oder eine nach dem Unterricht eine kleine Weile bei mir, und ohne daß ich frage, packen sie ihre Probleme aus. Dabei sprechen sie auch manchmal von Liebeserlebnissen, und wie oft ist es so, daß die armen Kinder sich und ihre Partner quälen, statt das Glück der Liebe dankbar zu genießen. Immer warten sie fieberhaft auf etwas, einen Brief, eine Begegnung, einen Liebesbeweis. Immer fragen, fordern und begehren sie, und wie oft wollen sie die Freiheit des anderen nicht gelten lassen. Ich brauche kaum etwas dazu zu sagen; es genügt, daß sie meine kritiklose Zuneigung spüren und ungehemmt sprechen können. Ich selber lerne die schwere Kunst des Verzichtens jeden Tag ein wenig besser, und so seltsam spielt das Leben mit uns, daß bei all diesem Sich-bescheiden mein schon herbstlich verblaßtes Leben noch einmal zu blühen anfing. Jede Woche sehe ich ihn eine ganze Stunde lang, höre seine Stimme, wenn auch nur durch das unvollkommene Medium des Fernsehens. Jeden Tag dringe ich ein wenig tiefer ein in die wunderbare Welt der Tiefsee, die er mir erschlossen hat, und damit in das Rätsel des Lebens und des Todes.

Es bleibt mir unbenommen, an ihn zu denken, mich in Gedanken mit ihm zu unterhalten, immer wieder in seinen Büchern zu lesen, im Schlaf und Wachen von ihm zu träumen. Dann wieder träume ich von meinem Mann so lebendig, wie lange nicht mehr. Ich spreche mit ihm und höre seine Stimme, und es ist ganz klar, daß für ihn wie für mich diese meine letzte Liebe nichts anderes ist als eine Variation des Themas, das in unserer gegenseitigen Liebe so unvergeßlich schön erklungen war. Wie könnte es auch sein, daß er an etwas, das mich so tief bewegt, keinen Anteil haben sollte.

Ein deutlicher Gewinn meines Zustandes ist, daß mein in den letzten zwei Jahren etwas eingetrocknetes Gedächtnis noch einmal aufgeblüht ist wie eine jener chinesischen Papierblumen, wenn man sie in Wasser legt. Ich studiere und lese jetzt so eifrig, als säße ich wieder auf der Schulbank, und ich staune, wie das Gelesene und Gelernte in meinem alten Kopf haften bleibt. Wie oft sage ich jetzt still für mich die Hölderlinschen Verse aus seinem „Lied an die Parzen“: „Noch einen Sommer gönnt, ihr Gewaltigen, und einen Herbst zu reifem Gesange mir, daß williger mein Herz, vom süßen Spiele gesättiget, dann mir sterbe.“

Gestern habe ich mir wieder einmal die Rosenkavalier-Platte vorgespielt und meine eigene Stimme leise mitgesungen: „Leicht will ich's machen dir und mir. Leicht muß man sein, mit leichten Händen halten und nehmen, halten und lassen. Die nicht so sind, die straft das Leben und Gott erbarmt sich ihrer nicht.“ – Ich war schon im Begriff, die ganze Plattenfolge einzupacken und an meinen Oktavian zu schicken. Ich habe es dann doch nicht getan. Es könnte zuviel verraten. Nur ein Zettelchen habe ich daran geheftet, darauf steht: „Im Falle meines Todes Herrn Dr. . . . zu übergeben, mit Dank und Grüßen der Marschallin.“

Nun wissen Sie, wie es mit mir steht, liebe Frau Benary. Haben Sie Dank für Ihre Geduld beim Lesen dieses langen Schriebs. Ihres Verstehens und Ihrer Teilnahme bin ich so gewiß, daß keine Antwort nötig ist.

In Herzlichkeit die Ihre.

Als ich gestern die New York Times aufschlug, fand ich darin einen Nachruf auf „Ilona . . .“, gezeichnet mit einem Namen, den ich auch ohne Unterschrift erraten hätte, denn ihr junger Freund hat inzwischen mit einem neuen Buch viel von sich reden machen. In dem Nachruf ist von ihrer Karriere als Sängerin, von der Wiederbegegnung mit einem einstigen jungen Bewunderer und von der warmen Freundschaft zwischen seiner Familie und ihr in ihrem letzten Lebensjahr die Rede. Ein

Sohn hätte nicht liebevoller, nicht trauriger und nicht dankbarer aussprechen können, was diese Frau in seiner Jugend und dann wieder in seinen reiferen Jahren für ihn bedeutet hat.

Noch „einen Sommer und einen Herbst" haben die Parzen ihr gegönnt. Es ist möglich, daß das alte Herz dem Ansturm dieses großen, ganz im Inneren verschlossenen Gefühls nicht mehr standgehalten hat. Wie dem auch sei, wir dürfen sicher sein, daß die letzten fünfzehn Monate zu den glücklichsten ihres Lebens gehört haben.

REQUIEM

Ihr Fernen, die ihr immer nahe seid,
ihr unsre Toten, kommt noch einmal wieder,
nur für die Dauer eines Amselschlages,
daß wir noch einmal euer Angesicht
in unsre Herzen graben wie in Stein.
Ihr Unverlornen, Unverlierbaren!

Dann geht und ruht in eurem Frieden wieder.
Hier ist nur Wandel, der euch nicht mehr anrührt.
Hier ist nur Dunkel, das euch nicht mehr trübt,
und kein Geborgensein ist eurem gleich.
Was uns verwirrt und oft mit Angst bedrängt,
was uns bedroht: ihr habt es schon vollbracht.

O ihr Geliebten, wie gehört ihr uns!
Nie kann uns Lebendes so angehören,
so ganz, so rein, so ohne Bitterkeit.
Ist Leben nicht ein Sterben Tag für Tag,
ein Immer-anders-Werden, stetig wechseln?
Ihr seid, ihr bleibt, euch trübt kein Zufall mehr.

Wollten wir denn, ihr wäret nie gewesen,
daß euer Tod uns nicht zerrissen hätte?
Oh, daß er leise werde unser Schmerz!
Daß er mit Irdischem euch nicht verdunkle
das ewge Licht. Wir ziehn euch nicht zurück.
Was ihr gekonnt, vollenden wir in euch.

Ihr seid in jedem Vogellied des Frühlings,
im Sommerwind, der unsre Wange streift.
In jedem Herbst reift eure süße Fülle,
und jeder Winter deckt euch linde zu.
Und einmal nimmt der Tod uns an der Hand,
auch uns, und läßt die grause Maske fallen
und führt uns sanft zu euch.

M. B.